KB216223

착취 경제

착취 경제

발행일	2025년 4월 21일		
지은이	이순환		
펴낸이	손형국		
펴낸곳	(주)북랩		
편집인	선일영	편집	김현아, 배진용, 김다빈, 김부경
디자인	이현수, 김민하, 임진형, 안유경, 최성경	제작	박기성, 구성우, 이창영, 배상진
마케팅	김회란, 박진관		
출판등록	2004. 12. 1(제2012-000051호)		
주소	서울특별시 금천구 가산디지털 1로 168, 우림라이온스밸리 B동 B113~114호, C동 B101호		
홈페이지	www.book.co.kr		
전화번호	(02)2026-5777	팩스	(02)3159-9637

ISBN 979-11-7224-598-6 03320 (종이책)   979-11-7224-599-3 05320 (전자책)

잘못된 책은 구입한 곳에서 교환해드립니다.
이 책은 저작권법에 따라 보호받는 저작물이므로 무단 전재와 복제를 금합니다.
이 책은 (주)북랩이 보유한 리코 장비로 인쇄되었습니다.

(주)북랩 성공출판의 파트너

북랩 홈페이지와 패밀리 사이트에서 다양한 출판 솔루션을 만나 보세요!

홈페이지 book.co.kr • **블로그** blog.naver.com/essaybook • **출판문의** book@book.co.kr

작가 연락처 문의 ▶ ask.book.co.kr

작가 연락처는 개인정보이므로 북랩에서 알려드릴 수 없습니다.

착취 경제

이순환 지음

북랩

노예 奴隷

1. 자신의 권리와 생산 수단을 빼앗기고 물건처럼 사고 팔리는 사람

2. 자기 의사나 행동을 결정할 권리와 자유 없이 다른 사람의 목적에 이용되는 사람

3. 인격의 존엄 없이 어떤 목적을 강제로 따라야 하는 사람

누군가 자기 의사나 행동을 자유롭게 표출하지 못하고 지배자의 어떤 목적에 얽매인 상태에 있다면 그는 노예다. 플라톤은 타인의 목적이 자신의 행위를 통제하는 상태에 놓인 사람을 노예로 규정했다.

자본주의 체제에서는 개인과 집단이 소유한 자본의 크기에 따라 생각과 행동의 자유도가 결정된다. 자본은 가장 중요한 재생산 수단이며, 권력이요, 인격이요, 존엄이다.

지배자의 권력 유지 수단은 시대에 따라 교묘하게 규범화되었다. 피지배자의 자유도는 어느 시대에나 지배자가 정하는 범위를 벗어나지 못했다. 지금 우리 사회의 규범은 자본을 가진 사람이 자신의 목적을 달성하기 위해 자본을 가지지 못한 사람을 이용하는 상태를 당연하게 받아들인다. 쇠사슬에 묶어 인신을 구속하던 노예 시대의 물리적 폭력은 다행히 법률로 막고 있지만, 자본을 이용하여 타인의 생산 수단을 제한하거나 자기 의사나 행동을 자유롭게 표현하지 못하도록 통제하는 행위는 정당하게 인정받는다. 자본의 이동에 따라 유형 자산과 함께 자본에 소속된 사람을 물건처럼 판매하는 것도 용인된다. 자신이 속한 조직이 다른 자본에 팔릴 상황에 놓인 노동자는 자신이 자본과 함께 팔리지 않아 직업을 잃을 가능성을 두려워한다. 자신을 자본과 같이 사 달라는, 즉 고용 유지를 요구하는 투쟁이 가장 처절하다. 자본 축적 경쟁에서 실패하여 빚을 지거나 실업을 당한 사람이 인격의 존엄성을 모멸당하는 상황을 자주 목격한다.

사전의 정의에 의하면 현대를 살아가는 우리 대부분은 자본에 의한 노예 상태가 분명하다.

한 나라의 사회 갈등과 국가 사이의 분쟁은 대부분 불평등에서 유발된다. 자본주의 사회에서 불평등은 자본의 독점을 유지하려는 자와 그것을 깨려는 사람 사이에서 발생한다. 자본가가 제도와 법률을 정할 권리를 가진 사회에서 불평등을 깨려는 사람이 그 갈등에서 승리하기란 쉽지 않다. 역사적으로 불평등은 착취당하는 이들의 혁명으로 귀결되었다. 혁명은 대개 구체제의 신분 서열을 뒤엎는 유혈 상황으로 전개된다. 자본에 의해 대중을 노예 상태로 유지하고 착취를 묵인하면, 혁명의 발생은 필연적이다. 지난 역사의 혁명은 한 국가의 체제 붕괴와 그 영향력이 주변국으로 전파되는 순차적 과정에서 새로운 사회 체제로 안정되었다. 하지만 앞으로 다가올 혁명은 현대 과학 기술의 발전과 역사에서 확인된 인간 이성의 어리석음과 무모함이 공진하여 증폭될 가능성이 크다. 혁명 과정에서 잃을 것이 많은 사람과 아무것도 잃을 것이 없는 사람의 폭력적 갈등이 우리 모두를 공멸할 결정으로 실행될 위험이 커지고 있다.

자신의 부를 개인적 욕구 충족에 사용하는 것에 그치지 않고, 더 많은 부를 얻기 위한 수단으로 이용하는 재화가 자본이라는 헨리 조지의 정의에 동의한다. 잉여 자본은 필연적으로 재화를 소유하지 못한 인간을 착취하는 도구로 사용된다. 자본주의의 모든 문제는 여기에서 비롯된다.

자본주의 사회에서 인간의 자유도(Degree of Freedom)는 자신이 소유한 자본의 양에 따라 결정된다. 자본은 내가 생각하고, 판단하고, 결정하고, 행동하는 기준이 되고, 나를 위해 시간을 사용할지 다른 사람의 명령을 받아 일할지를 결정하는 근거가 된다. 자본은 우주의 존재라면 누구에게나 똑같이 주어지는 시간의 용도를 결정한다. 니체는 하루 삼 분의 이를 자신을 위해 쓰지 못하는 사람은 노예라고 판단했다.

민주주의 사회에서 자본가는 유리한 조건에서 직접 선거에 당선되거나, 정치인을 후원하는 방법으로 자신의 자본을 늘리거나 잃지 않기 위해 법과 제도를 만들거나 바꿀 수 있다. 사회적 영향력이 큰 자본가들이 주도하여 형성된 관습과 제도는 사람들을 착취하는 훌륭한 근거가 된다. 자본을 가지지 못한 사람은 불평등에 분노하면서 자신도 자본가가 되기를 갈망한다. 운이 좋아 자본 축적에 성공하면, 자신이 그토록 경멸하던 불평등 구조가 유지되도록 자기가 올라온 자본 축적 사다리를 걷어차 버린다. 자본가가 되는 과정에서 자본주의 제도와 관습의 불평등이 자본의 축적과 유지에 유리하다는 사실을 체험했기 때문에 자신이 비로소 자본가가 되면 불평등한 제도를 지지하고, 더 견고하게 만드는 일에 동조한다.

수렵과 채취로 생활하던 호모사피엔스가 한곳에 무리 지어 머물며 농사와 축산을 통해 식량을 생산하는 농업혁명이 인류의 삶을 풍요롭게 했다는 가설은 사기에 가깝다는 유발 하라리의 의견에 동의한다. 농사를 시작하면서 인류는 필요한 자원을 스스로 생산하고 소비한 후의 잉여물을 저장할 수 있게 되었다. 하지만, 남는 생산물을 고르게 분배하여 인류 개개인이 모두 풍요롭게 사는 이상적인 모습은 만들어지지 않았다. 토지를 소유한 소수의 개인이 식량을 미끼로 다수의 사람을 자신의 토지에서 일하도록 노동력을 착취하는 지배 계층이 되었다. 고대에는 전쟁의 승부에 따라, 중세에는 봉건 체제에 의해, 근대 이전까지는 피부색이 검다는 이유로, 근대에는 인권 없는 공장 노동자로, 대부분 인류는 노예이거나 그와 다름없는 상태로 일부 지배층의 풍요를 위해 착취당해야만 했다. 소유하는 자본의 규모와 권력의 크기에 따라 인류는 계급화되었다. 자기가 속한 계급에 따라 개인의 가치가 정해졌다. 원시 공산사회의 평화롭던 가족 서열은 지배자와 피지배자의 고대 노예사회로 바뀌면서 지배자가 되지 못한 사람의 인격적 자유와 잉여 생산물을 착취당했다. 중세 봉건시대 농노는 영주에게 착취당했다. 근대 부르주아는 프롤레타리아를 착취했다. 자본주의 시대의 노동자와 자영업자는 자본가에게 착취당한다. 착취는 인류 역사를 움직이는 시스템의 견고한 프레임이었다. 인간의 평등한 존엄성이라는 현대의 보편적 이상 속에서도 착취는 자본주의와 민주주의라는 이상적 논리의 가면을 쓰고 법과 제도로 견고해지고 있다.

세상에서 일어나는 모든 일에 대한 개개인의 영향력이 완전히 평등한 이상적 사회 체제를 구현하기 위해 혁명가들은 많은 희생을 감수하며 사회주의와 공산주의 경제를 시도하였지만, 한 세기도 유지하지 못하고 실패로 판명되었다. 평등한 선거가 평등한 사회를 구현한다는 민주주의는 유지되고 있지만, 실제로는 권력을 가진 소규모 사람들이 마땅히 행사해야 하는 몫보다 훨씬 큰 영향력을 미친다. 누구나 한 표를 행사하며 평등한 사회를 구현할 수 있으리라 여겼지만, 자본의 힘은 정치와 경제 체제를 결정할 권리의 평등성을 분명히 불평등하게 행사한다.

자본주의는 착취의 사슬 속에서 작동한다. 개인의 의지와 자유는 착취의 피라미드 위쪽으로 오르기 위해 전적으로 사용한다. 자본 없는 개인은 능력과 성실성을 의심받으며, 그가 가진 자본의 크기에 따라 사회적 역할과 영향력이 정해지는 것을 당연하게 받아들인다. 풍요를 얻기 위해 수단과 방법을 가리지 말고 자본가가 되어야 한다는 사실을 깨닫는다. 권력은 자본에서 나온다. 권력은 다른 이를 착취하는 정당한 영향력으로 용인된다.

공존하지 않으면 인류는 반드시 공멸한다. 자본가들만의 번영은 오래 지속되지 못할 것이다. 계급 사이 불평등의 확대는 반드시 폭력적 혁명을 발생시켰다. 산업혁명 이후 누적된 양극화는 공산주의 혁명의 원인이었다. 착취와 피착취의 사회 구조는 반드시 혁명의 불씨가 된다. 부의 원천이 되는 자원에 대한 탐욕은 전쟁의 가장 큰 원인이었다. 봉건시대 영토전쟁이 그랬고, 제국주의 시대 식민지 수탈이 그랬고, 현대의 석유 전쟁이 그렇다. 착취에 의한 불평등과 양극화는 지난 45억 년 동안 지구의 무수한 생명체가 그랬던 것처럼 호모사피엔스 멸종의 원인이 될 것이다. 문명을 이루지 못했던 생명체들은 지구 환경의 변화 때문에 사멸하였다. 인류는 스스로 멸종시키기에 충분한 과학 기술을 가졌다. 공룡은 2억 5천만 년 동안 문명을 이루지 못하고 지구를 지배하다 외계 운석의 충돌로 인해 멸종했다. 인류가 문명을 이루어 살기 시작한 기간은 길어야 1만 년이다. 기술 문명은 이제 겨우 200년 정도 유지하고 있다. 우리 사피엔스들은 자신의 집단이 권력을 잃을 경우가 발생하면 언제든지 전 인류가 공멸하는 결정을 하고 실행할 어리석음을 가지고 있다. 미래의 과학과 기술은 지난 200년과 비교하여 기하급수적으로 발전할 것이다. 역사적으로 인간은 공존의 시나리오를 만든 적이 없다. 우리는 항상 서로를 멸망시켜서 착취하는 것을 승리로 여겼다. 지금까지는 기술이 부족하여 많은 인명이 희생하는 정도에서 분쟁이 중단되었지만, 이제 우리는 인류라는 종 전체를 멸종시킬 충분한 과학 기술을 가지고 있다.

인류 문명의 발전은 풍요와 편의를 확대하여 인간다움을 확대하는 과정이었다. 누군가의 희생을 착취하여 다른 누군가의 풍요를 유지하는 시스템은 결코 오래가지 못한다. 희생자와 가해자가 바뀌는 혁명의 반복은 필연이다. 그 과정에서 인류는 공멸할 것이다.

아인슈타인은 예언했다. 제3차 세계대전이 어떻게 전개될지 알 수 없지만, 제4차 세계대전의 무기는 돌맹이와 막대기가 될 것이다.

인류는 기술의 패러다임 혁명을 통해 생존의 편의성을 높여 왔다. 기술 혁명을 통해 그 이전 수준보다 인류의 보편적 편의는 향상되었지만, 각각의 혁명에서 성과물을 먼저 확보하거나 투쟁을 통해 빼앗은 사람들이 그렇지 못한 사람들을 지배하고 착취하는 사회 정치 구조는 반복되었다. 호모사피엔스의 진화 결과, 자신의 존재와 본질을 자각한 이후, 인간은 권력 쟁탈 결과물로 정해진 지배와 피지배 상태로 나누어졌다. 개개인의 존엄이 인간 기본 권리라는 동의의 보편화 이전에는 피지배 상태 인간은 지배자의 소유물로 인정되었고, 물건처럼 사고 팔렸다. 노예는 인간으로서 존엄성이 인정되지 않았다. 먹이만 제공하면 작동하는 가축과 비슷한 생산 수단에 불과했다. 생산력을 잃으면 처분하거나 폐기하는 행위가 소유자의 이익에 부합했다. 동정이나 연민은 특이한 몇몇 인간의 돌출 행동이었다.

역사는 지배자의 착취에 대항하는 피지배자의 저항 과정이었다. 전쟁에 패배한 사람들은 승리자의 전리품으로 노예가 되는 것이 당연했다. 중세는 토지를 소유한 지배자가 피지배자의 생존 여부와 편의의 정도를 전적으로 결정하는 봉건 농노의 시대였다. 르네상스와 신대륙 발견 이후, 유럽의 잔인하고 탐욕스러운 지배자

착취 경제

들은 피부색 검은 아프리카 원주민들을 무차별적으로 잡아 신대륙의 자원을 캐내거나 대규모 농업 플랜테이션의 노동력으로 투입하였다. 그들은 사람과 비슷하게 생기고 인간의 말을 알아듣는 동물로 여겨졌다. 남북전쟁 후 법률적으로 노예제도는 사라졌지만, 지금까지도 인종 차별이라는 고질적인 병폐가 뿌리 깊게 남아 있다. 기계를 이용한 대량 생산이 가능해진 산업혁명은 지배와 피지배의 수단이 물리적인 힘에서 자본가의 자본으로 이전하는 분기점이 되었다. 생산 시설 소유자와 금융업자들이 대규모 자본가로 발전하였다. 대부분 사람은 생산 기계를 가동하고 유지하는 일에 종사하게 되었다. 인권이라는 개념이 성립되면서 노예를 소유할 수 없게 된 자본가들은 자신의 자본으로 사람들을 지배하기 시작했다. 제도와 법률을 만들어 자신의 권력을 정당하게 확정하였다. 지배자가 만든 사회제도와 관습은 대중이 자본가의 착취를 저항 없이 받아들이는 근거가 되었다.

중세 농노의 일상은 수렵을 멈추고 정착 농사를 시작한 석기시대 인류보다 처참했다. 자신의 먹거리와 안전만 해결하면 되었던 과거와 달리, 자신의 먹거리보다 지배자의 사치가 우선이었고, 지배자의 안전에 자신의 목숨이 동원되었다. 인간 이성보다 종교가 절대적 권위를 가지는 시대에 인간 개인의 인격과 가치는 석기시대 인류보다 처참했다. 성직자는 신의 말을 전하는 오염된 필터였다. 현세를 부정하고 사후 세계를 강조했다. 자신이 신을 대신한다고 세뇌하였다. 자신을 통해서 지옥을 피하고, 자신을 통해야만 천국에 갈 수 있다며 민중들을 현혹했다. 성직자의 말에 동의하는 사람의 숫자가 많아지자, 지배자의 권력보다 성직자의 권위가 커졌다. 그렇게 인류의 삶은 암울했다. 길기도 길었다. 무려 천 년 동안이나 종교의 공포가 이어졌다.

진정한 다크 에이지, 즉 야만의 시대는 20세기 초반이었다. 여러 차례의 전 지구적 전쟁과 광기의 역사는 과학 기술이 창조한 도구를 가진 지도자가 어떤 파멸적 결정을 하는지 증명했다.

1만 2천 년 전 지구의 인구는 단 200만 명이었고, 도구와 불을 사용하는 문명의 초기를 이루었다. 그리고 1만 2천 년 후, 80억 명의 인류는 우주의 시작과 끝을 들여다보고 태양계 밖으로 우주선을 보내는 데 성공했으며, 화성을 식민지로 만들기 위해 자본을 투자한다. 앞으로 1만 2천 년 후의 인류는 우리가 지금 상상하는 모든 일을 실제로 가능하게 만들 수 있을 것이다. 그것이 우리의 멸망이 아니길 바랄 수 있을까? 인류의 1%가 전 세계 부의 절반을 차지하는 상태가 계속되는 한 불가능할 것이다.

인류는 우주의 원리를 탐구하고, 누구나 제한 없이 정보를 공유하는 과학 기술을 가지게 되었다. 감시받지 않는 자본가와 견제받지 않는 정치인은 정보와 기술을 인류가 함께 잘 사는 방향으로 사용 방법을 결정하지 않았다. 어리석음과 지혜를 동전의 앞뒷면처럼 되풀이한 역사에 비추어 우리 이야기의 결말이 영원히 해피 엔

착취 경제

딩이 되기는 불가능하다. 비극을 최대한 늦추는 지혜가 필요하다.

　모든 사람이 인간으로서 품격을 누리는 삶의 기본을 보장받아야 한다. 불평등하면 잔인한 사회가 된다. 자본주의 체제는 눈부신 생산성의 향상과 더불어 극심한 경제적 불평등을 불러들였다. 인류가 자멸한다면 그 원인은 경제의 착취 구조 때문일 것이다. 역사에서 보았듯이 인간의 이기심은 자멸을 선택했다. 그동안 자멸하지 않은 이유는 인류의 손에 들려 있는 도구와 무기가 개인을 상대하는 정도였기 때문이다. 이제는 경제적·문화적 후진국이라 할지라도 버튼 한 방이면 순식간에 인류를 자멸시킬 무기를 가지고 있다.

　양극화는 반드시 혁명이 따랐다. 기록된 혁명은 먹고살게 해 달라는 혁명이었지만, 기록될 혁명은 자본과 금융과 교육 그리고 지구 환경의 불평등에 의한 혁명일 것이다. 지난 혁명은 총칼로 대항했지만, 앞으로 혁명은 공멸의 무기를 사용할 것이 확실하다.

　민주주의가 '1인 1표'의 평등한 정치 시스템이라지만, 자본주의는 '1원 1표'의 불평등한 경제 체제다. 민주주의는 모든 개인이 동등한 투표권을 행사하게 하지만, 자본주의는 돈에 발언권을 준다.

　경제학자들이 기록과 통계를 엮어 설명하는 경제 철학은 착취 경제 속의 개인이 자신의 현실을 자각하거나 지배자들의 탐욕이 결국은 공멸을 앞당길 것이라는 깨달음을 주는 데 실패했다. 착취로 인한 빈곤과 불평등으로부터 개인을 구하는 데 공헌하기보다 대개는 착취시스템을 옹호하는 논거를 만드는 데 이바지했다.

　나는 가난한 유년을 보내며 하층민의 비참한 삶 속에서 자랐다. 대학을 마치고 기업에 취직하여 봉급 노동자 생활을 했다. 퇴사 후 자영업에 도전하다 실패하여 전 재산을 날리고, 빚 독촉에 극단적인 상태에 몰린 적도 있다. 사업을 일으켜 천신만고 끝에 경제적 자유에 도달했다. 나는 우리 사회 경제 시스템의 모든 계층에 속한 경험이 있다. 내가 겪어 낸 경제시스템에서 나는 경제의 기본 구조가 착취라는 사실을 깨달았다.

　착취로 인한 불평등은 공멸로 귀결될 것이라는 자각의 근거를 설명하고 최소한 우리 사회가 스스로 멸망을 자초하지 않는 나름의 대안을 고민했다. 대상의 근본적 소요에 반하여 강제적으로 나의 이익을 얻는 행위를 착취로 정의하고, 우리 사회가 직면한 문제들을 분석하여 이에 맞서 우리가 가질 올바른 관점을 제시하고자 한다.

　먼저, 생산의 고전적 3대 요소라는 토지, 노동, 자본이 자본주의 경제 체제에서 착취 도구로 작동하는 실상을 분석할 것이다. 그리고 현대 정보사회의 교육, 금융, 플랫폼에서 일어나는 착취 경제의 구조를 설명할 것이다. 다음으로, 과학 기술의 발전과 탐욕적인 이익 집단 사이의 갈등과 지구 환경 오염으로 야기될 수 있는 인류 멸종과 지구 멸망의 위험을 알리고 싶다. 마지막으로, 착취 경제 구조 때문에 발생하는 불평등을 없애고, 인류의 번영을 지속하는 대안을 제언할 것이다.

인간의 욕망은 인류 발전의 원동력이었다. 선량한 희망은 사라지고 사악한 탐욕만 남은 세상은 지옥이다. 착취와 불평등은 인류 멸종의 시발점이 될 것이다. 악이 승리하는 데 필요한 유일한 조건은 선량한 사람들이 아무것도 않는 것이다.

힘없는 자의 희생이 힘 있는 자들의 이익이 되는 온갖 착취 도구들이 더 세련되게 작동하도록 내버려 두면 우리는 멸종한다.

PART 1

지주의 착취

헨리 조지는 인류의 보편적 진보에도 불구하고 노동자가 여전히 빈곤한 이유는 토지의 독점적 점유를 인정함으로써 발생하는 토지 소유자의 불로소득 때문이라 단정했다. 농업에서 제조업과 서비스업으로 산업의 주류가 변한 21세기에도 그의 주장은 옳다. 경제 활동 공간을 소유한 건물주의 불로소득을 착취로 인식하지 않기 때문에 사회적 불평등이 견고해진다. 새로운 자본 계급이 고착되고, 계급 갈등은 점점 응축되고 있다.

수십만 년 동안 수렵과 채집 상태에 머물러 있던 호모사피엔스가 농작물을 재배하기 위해 일정한 장소에 집단을 이루고 살기 시작하면서 토지는 몇몇 지배자의 소유가 되었다. 토지에서 생산하는 식량을 지배자가 독차지할 힘을 가졌다. 지배자는 식량 배분 권리를 이용하여 피지배자의 노동력을 착취하였다. 토지 소유권을 대대로 그들의 혈족이 상속하는 기막힌 아이디어는 토지를 창조한 신이 준 권한이 아니라, 그들 스스로 창안한 관례에 불과했다. 관례는 인간 사회를 움직이는 법률로 보호되었다. 토지에 귀속된 사람은 자신의 생을 토지 소유자에게 맡기는 것을 운명으로 받아들였다.

식량과 주거를 해결하며 외부의 침입으로부터 생명을 보호하기 위해 집단을 이루고, 이를 통제하기 위한 서열이 형성되었다. 부모 자식과 연장자와 연소자 사이 권한과 의무의 크기가 정해지고, 남녀의 역할도 구분되었다. 집단이 확대되어 사회라는 개념을 필요로 하게 되면서 다른 집단과의 이해 충돌을 해결하기 위해 지도자가 필요해졌다. 통제력이 미치는 구성원의 숫자와 그들이 살아가고 식량을 생산할 수 있는 토지의 크기에 의해 권력의 규모가 결정되었다. 권력을 가진 자는 자신의 영향력을 키우기 위해 자신이 통제할 수 있는 토지를 넓히고, 토지를 기반으로 생활하는 사람을 늘리기 위해 주변의 권력과 물리적 충돌을 감행했다. 전쟁에서 승리하면 패배한 집단의 토지를 자신에게 귀속했다. 패배한 집단의 사람들은 승리자의 노예가 되었다. 빼앗긴 토지에서 생산을 유지하는 노동력과 생산품을 착취당했다. 토지와 노예는 승리한 집단에 물질적 풍요와 잉여 생산물을 가져다주었다. 침략을 주도하여 정복에 성공한 권력자는 영웅으로 추앙받았고, 패배한 자는 역사에서 사라졌다.

권력을 가진 자들은 자신의 풍요와 안락함을 위해 대중이 노예 상태로 계속 유지되도록 제도와 관습을 교묘히 수정해 왔다. 시대에 따라 서로 다른 이름으로 불렸지만, 노예와 주인은 생산 수단의 소유자가 누구냐에 따라 결정되었다. 원시 농경시대부터 중세 봉건시대에는 토지 소유 권리와 규모에 따라 결정되었고, 산업혁명 이후에는 산업 시설을 소유한 주체에 따라 결정되었다.

16세기 러시아의 차르였던 보리스 고두노프는 농민들이 한 지주 밑에서 다른 지주 밑으로 옮겨 가는 것을 금지하는 칙령을 반포하면서 가장 가혹한 형태의 농노제가 시행되었다. 동시대 다른 나라 농민의 처지도 대개 비슷했다. 근대 이후 노동자는 인신을 직접 구속하는 노예 상태에서 벗어났지만, 현대 자본주의 경제에서도 개인의 삶이 구속된 정도를 기준으로 판단하면 봉급 노동자, 세입자, 소작농, 하도급 업자, 플랫폼 사업자, 자영업자 등 시스템의 하부에 놓인 사람들의 삶은 과거 농노와 본질적으로 다르지 않다. 착취의 도구가 토지에서 자본으로 바뀌었을 뿐이다. 자본주의가 이상적인 경제 체제라고 대중을 세뇌하는 자본가들의 본심은 농노제가 농민들의 삶과 안전을 보장한다는 지주와 황제의 강압과 다르지 않다.

우리나라는 자영업 비율이 높고, 자영업자 대부분은 누군가가 소유한 건물을 임대하여 영업한다. 매출과 수익은 예측하기 어렵지만 매달 고정된 월세를 지급하는 임대계약을 당연하게 받아들인다. 자영업자는 자기 신체가 감당할 수 있는 최대의 노동력을 투입하고, 그가 동원할 수 있는 최대의 자본적 위험을 감수한다. 자영업자는 위험에도 불구하고 수익을 확정하지 못하지만, 건물주는 위험 없이 임대료가 보장된다.

세입자의 사업이 성공하여 수입이 늘어나면 건물주는 임대료를 인상할 권리가 있다. 세입자는 이익을 남기지 못하더라도 임대료 인하를 요구할 권리는 없다. 사업이 실패하여 월세를 내지 못하면 건물주는 보증금이라는 안전장치에서 월세를 보존한다. 최근에는 임대차법이 바뀌어 5년 동안 임대를 보장하고 매년 일정 비율 이상 임대료를 인상할 수 없도록 법으로 규정하고 있지만, 건물주는 5년 뒤에 한꺼번에 인상을 요구할 수 있다. 기존 세입자가 동의하지 않으면 다른 세입자를 구하면 그만이다. 세입자는 5년 안에 건물을 매입할 수 있는 자본을 축적하는 불가능한 목표를 이루지 못하면 아무런 대항 수단이 없다.

부산에는 불고기로 유명한 해변 골목길이 있다. 우리 가족이 휴가를 가면 빠지지 않고 먹고 오는 음식이지만, 낡은 가정집을 개조하여 방과 주방을 그대로 사용하다 보니 불결하고 비위생적이어서 늘 마음이 찜찜했다. 몇 년 전 다시 부산에 갔을 때, 골목 입구에서 새로 지은 깨끗한 건물에 주차장이 넓은 불고기 식당을 발견하고 반가웠다. 세련된 입구에 어울리지 않는 커다란 안내판의 글이 드나드는 손님이면 읽지 않고는 지나가지 못하는 위치에 놓여 있었다. 광안리 골목의 오래된 가정집을 개조해 30년 동안 불고기 음식점을 운영했던 글쓴이는 건물주의 갑작스러운 퇴거 통보에 건물을 비워 주고 현재 위치로 가게를 옮겼다. 예전 건물에는 건물주의 아들이 자신이 사용하던 상호의 앞 글자만 바꾸어

영업하고 있으니 속지 말라는 긴 사연의 애절한 문장이었다. 문장에서 글쓴이의 분노가 분명히 느껴졌다. 검은 바탕에 하얀 글씨를 명료하게 강조하여 분노의 대상에게 저주를 퍼부었다. 건물주는 어떤 일을 해도 합법이다. 세입자는 아무런 대항 수단이 없다. 건물주는 자기 건물을 마음대로 이용할 무한한 권리가 있다. 세입자는 30년 동안의 노력을 한순간 잃어버려도 합법적으로 지킬 방법이 없다. 자본주의 사회에서 지주의 당연한 권리다. 자본을 소유하지 못한 자의 당연한 의무다. 저주를 퍼붓는 그도 아마 자기 건물을 가지기 위해 모든 수단을 동원했을 것이다. 그리고 그도 분명히 자기 건물을 누군가에게 임대한다면 그가 당했던 일과 비슷한 권리를 당연히 주장하게 될 것이다.

내가 사는 아파트 단지 큰 사거리 건물 1층에는 우리나라에서 가장 가맹점이 많은 빵집이 있다. 일이 있어 일찍 출근하는 새벽에도 영업하고 있고, 저녁 모임 후 귀가하는 늦은 시간에도 가게에 불이 켜져 있다. 오후 늦은 시간에 가면 먹고 싶은 빵은 모두 팔리고 없다. 판매 직원 2명과 빵 만드는 직원 3명이 근무한다. 긴 영업 시간을 고려하면 내가 보지 못한 직원이 그만큼 더 있을지도 모르겠다. 나이 지긋한 주인 남자가 손님들이 커피를 마셔야 할 자리를 하루 종일 차지하고 앉아 직원들에게 이것저것 잔소리하는 모습을 자주 본다. 그는 규모가 크고 영업이 잘되는 자영업자다. 꽤 많은 매출을 올리고 있을 것이다. 그러나 그가 이른바 요지 건물 1층을 소유하고 있는 지주보다 많은 이익을 가져갈까? 그가 브랜드를 빌린 프랜차이즈 본사에 수수료를 지불하고도 그보다 많은 이익을 얻을 수 있을까? 그렇지 못할 것이다. 그는 가게를 운영하기 위해 전 재산과 매일 15시간 이상의 노동력을 직간접적으로 투자한다. 그의 매달 수익은 날씨와 계절과 갑작스러운 팬데믹에 따라 종잡을 수 없지만, 건물주에게 지급할 임대료는 정해져 있다. 건물주는 날씨와 팬데믹을 걱정하지 않는다.

아이가 고등학교 내내 다니던 독서실 1층 복도 끝에 돈가스 가게가 있다. 건물 구석 자리에 테이블 대여섯 개가 전부인 작은 공간이다. 젊은 남자 사장이 주방에서 음식을 만들고, 어린 아르바이트생 혼자 손님을 응대한다. 맛이 좋은지 항상 손님이 많다. 아이를 데려가기 위해 새벽 1시쯤, 건물 뒤편에 차를 주차하고 시동을 끄면 어디선가 망치 소리가 들린다. 돈가스 가게 주방 환기구가 주차장 쪽으로 뚫려 있다. 가게 문을 닫은 젊은 남자가 내일 장사 준비를 위해 돼지고기를 얇게 펴기 위해 고기를 두드리는 소리였다. 남자는 저 주방에 하루 몇 시간을 갇혀 있을까? 매일 망치질하는 그의 어깨와 하루 종일 서서 돈가스를 튀기는 그의 몸은 괜찮을까? 큰돈은 벌지 못하는 중노동을 계속하면서 느끼는 절망감을 어떻게 이겨 낼까? 아이를 기다리는 동안 나는 그런 생각이 든다.

돈가스 가게 건물 앞쪽에는 작은 떡볶이집이 있다. 떡볶이를 사온 아내가 음식을 담아 주는 젊은 여자 주인이 임신했는데, 너무 고생하는 것 같아 안타깝다는 이야기를 전해 주었다. 어느 날부터 젊은 여자가 보이지 않길래 음식을 만드는 할머니에게 물었더니 출산을 위해 쉬고 있다고 했다. 여자의 시어머니였다. 안타까운 마음의 아내는 별다른 친분도 없는 젊은 여자에게 예쁜 아기 배내옷 한 벌을 선물했다. 시간이 지나고 여자가 다시 장사하러 나왔다. 어린아이는 가게 구석에서 혼자 놀고 있다. 아이 엄마와 시어머니, 남편까지 모두 가게에서 일한다. 이천 원짜리 떡볶이와 천오백 원짜리 김밥을 온 가족이 요리하고 담고 있다. 떡볶이를 담으며 웃음을 잃지 않는 엄마와 외롭게 놀고 있는 아이의 모습이 교차하며 눈시울이 붉어졌다. 내가 저 아이만 할 때, 나의 엄마와 나도 저렇게 살았다. 여자가 떡볶이를 팔아 자본을 모아 조금 쉽고 돈 잘 버는 일을 찾아 아이와 더 많은 시간을 보내기는 앞으로도 좀처럼 어려울 것이다.

빵집 아저씨는 전 재산과 노후를, 돈가스 남자는 청춘을, 떡볶이 가족은 식구 세 명의 노동력과 아이의 행복을 희생하면서 일한다. 그래도 그들의 수익은 건물주에게 주는 임대료에 훨씬 미치지 않을 가능성이 크다. 그들은 지주에게 많은 것을 착취당하고 있다. 실제적 노예 상태가 분명하다. 그들도 심정적으로 알고 있다. 그러나 열심히 일해서 잘살겠다는 꿈을 꾸며 견딘다. 하지만 떡볶이와 돈가스를 팔아 임대료를 주고 난 수익을 모아 스스로 착취의 굴레에서 벗어날 가능성은 제로에 가깝다.

내가 사는 신도시의 작은 사거리 주변 상가에는 카페 7곳, 빵집 3곳, 병원 20여 곳, 필라테스 요가를 포함한 헬스장이 줄잡아 10여 곳, 편의점 4곳 그리고 무수한 음식점들 경영자들이 언젠가는 건물주가 되겠다는 헛된 꿈을 꾸며 오늘도 자신의 모든 노동력과 자산 그리고 청춘과 꿈과 미래를 희생하고 있다.

코로나 팬데믹은 소규모 자영업자에게 가장 치명적이었다. 위험은 언제나 약자를 먼저 희생시킨다. 정부는 자영업자의 영업을 제한하거나 문을 닫도록 명령하였다. 건물주에게 월세를 낮추라는 정책은 시행하지 못한다. 착한 임대인이라며 개인의 선의에 기대한다. 그마저 세금을 줄여 주어 건물주의 손실을 대부분 보상해 준다. 자영업자는 매출이 없어도 가게를 그만두지 못한다. 손님을 끄는 데 가장 중요한 포인트는 입지와 인테리어다, 입지는 내가 골라 지정하지만, 실내 장식은 가게를 접는 순간 매몰 비용이 된다. 건물주가 다음 세입자를 구하기 쉽도록 원상 복구 의무까지 주어진다. 자신이 투자해 꾸민 가게를 스스로 부수면서 그 비용까지 세입자가 지불하는 것이 세입자와 임대인의 당연한 약속이다. 가게를 그만두면 권리금을 회수하지 못한다. 권리금은 같은 업종의 다음 세입자가 들어올 때 인테리어와 영업권에 적당한 프리미엄을 얹어 넘기는 세입자의 안전장치로 작동하는 순기능도 있지만, 대개는 법적 권리를 주장할 수 없는 '을'들 사이의 착취 도구로 이용된다.

팬데믹, 광우병, 수산물 방사능 오염과 같은 예상하지 못한 위기가 오거나 특정한 업종의 위생이나 재료 문제가 언론에 이슈가 되면 관련한 업종은 전멸한다. 위기의 기간에 가게를 넘겨받을 새로운 세입자가 들어오지 않으면 임대계약 기간이 끝날 때까지 손실이 발생하더라도 월세는 정해진 액수대로 지급해야 한다. 보증금은 세입자의 자산을 합법적으로 갈취하는 건물주의 안전장치다. 월세가 밀리면 돌려받을 보증금이 그만큼 줄어든다. 위기는 전 재산을 투자한 자영업자에게 일방적으로 가혹하게 작용하고, 건물주는 아무런 손실이 없다.

자영업자가 이 악순환을 단절하는 유일한 방법은 자신이 건물주가 되는 길뿐이다. 실제로 운 좋은 극소수는 그렇게 된다. 건물주가 된 순간부터 이 신흥 자본가는 건물을 임대하여 일하지 않고 돈을 벌 수 있다. 자신이 세입자였을 때 고통당했던 불합리함은 쉽게 잊어버린다. 최대의 임대료를 받기 위해 최선을 다한다. 건물을 가지고 있는 것만으로 세입자의 노동과 행복을 착취하는 합법적 권리를 가진다. 대부분은 그 권리를 가혹하게 행사한다.

국내에서 가장 큰 배달 플랫폼에서 한국의 오래된 맛집의 비밀을 밝히는 연구를 진행했다. 결과는 단순했다. '자가 점포'의 소유 여부가 다른 어떤 조건보다 우선하였다. 건물주의 착취를 견디면서 맛집을 이어 갈 수 없었다. 자영업자 노력의 결실은 지주의 임대료를 넘지 못했다.

자영업자는 자본을 투자받기 쉽지 않지만, 땅을 가졌다는 이유만으로 보증금과 대출을 이용하여 자기 돈 한 푼 없이 건물주가 되는 방법은 많다.

모든 불평등 해소 방안은 단순하다. 어떤 자산이 누군가의 착취 도구가 되는 순간부터 합당한 세금을 부과하는 것이다. 불로소득에 세금을 거두어 사회 보편적 복지로 공평하게 분배되어야 한다. 거주하지 않는 아파트, 경작하지 않는 농토, 생산 시설로 활용되지 않는 대지 등 착취가 목적이 분명한 부동산에는 감당하지 못할 세금을 부과해야 한다.

건물의 임대료 책정 방식은 약자에게 일방적으로 불리한 시스템이다. 자본가가 약자를 착취할 권리를 당연하게 인정하는 제도다. 자본가가 자신의 시설을 임대하였다면 매출과 이익에 비례하여 매달 임대료가 결정되는 것이 상식 아닐까! 착취의 대명사였던 소작농조차 자신이 한 해 생산한 곡물량에 따라 소작료가 정해져 있었다. 지대(地貸)는 그 자산을 빌려 발생하는 이익의 크기에 비례하여 지주와 임차인이 나누는 것이 합당하다.

제도가 바뀌면 부동산의 비상식적인 가격 상승을 근본적으로 막을 수 있다. 빌려 쓰는 비용과 소유하는 이익이 별반 다르지 않으면 굳이 부동산을 소유할 필요가 없다. 오늘날 부동산 가격 상승 문제는 전 세계인을 고통받게 한다.

아파트 가격은 정치적 결정에 따라 요동친다. 극장에서 앞자리에 앉은 사람이 일어나면 뒷자리 사람도 일어나야 영화를 볼 수 있다. 모두 일어나 영화를 보는 것보다 누군가 일어선 앞 사람을 제지하거나 영화관 담당자가 앉도록 주의를 주어야 한다. 그래야 모두가 편하게 앉아서 영화를 감상할 수 있다. 그래야 함께 편안한 세상이 된다.

아파트 가격 상승은 소유자 본인뿐만 아니라 그의 아들딸의 삶도 결코 행복하게만 만들지 못한다. 그는 수십억 원짜리 아파트에 살고 있지만 아파트를 매각한 돈으로 풍요로운 삶을 누리는 결정은 하지 못한다. 더 높은 가격 상승을 전망하기 때문에 소유권을 포기할 수 없다. 그의 자식들이 좋은 위치에 아파트를 스스로 구매할 가능성이 매우 낮다는 사실을 알기 때문에 그의 아파트 가격이 높게 유지되어 자식들에게 원활하게 물려지기를 희망한다. 대부분 은퇴를 앞두거나 은퇴한 이들이다. 표면적으로 수십억 자산가이지만 높은 물가와 소유 경비 지출에 생활은 빠듯하고, 인생은 고단해진다. 운 좋은 젊은 부자들은 극히 소수다. 수도권 요지에 아파트를 가진 집단과 외곽이나 지방 도시에 사는 집단은 극심한 빈부 차이를 느끼며 서로를 적대시한다. 그리고 모두 행복하지 않다. 가진 자는 가격이 내려가거나 세금이 높아지거나 자식에게 물려주지 못할까 불행하고 못 가진 자는 가지지 못해 불행하다.

불로소득은 인간의 원초적 욕망이다. 욕망을 내버려 두면 피비린내 나는 살육의 현장이 된다. 법률과 관습으로 통제하는 것이 인간사회 영속을 위해 당연하다. 민주주의 사회에서는 법의 제정을 통해 얼마든지 가능하지만, 법을 만드는 권한을 부여받은 사람 대부분이 성공한 자본가이거나 그들의 후원을 받는 사람들이다. 자본가들은 착취와 격차를 해소하기 위해 노력하지 않는다. 착취가 더 편리하고 견고해지도록 법을 만들기 위해 양심과 도덕을 주저 없이 내팽개친다.

노동의 착취

현대 노동자의 대부분은 자본가가 소유한 회사에 자신의 지식과 기술을 제공한 대가로 소득을 얻는다. 노동자의 최대 희망은 더 큰 자본가에게 더 많은 돈을 받고 자신의 노동력을 제공할 수 있도록 선택받는 것이다. 아이들은 큰 자본가가 운영하는 회사에 취직을 목표로 유년 시절부터 학업을 강요당한다. 명문 대학에 입학하고 자신의 노동력을 조금이라도 비싼 값에 팔기 위해 청춘을 바쳐 경쟁한다. 작은 자본가의 회사에 근무하게 된 사람은 경쟁에서 도태되었다고 자책하며 살아간다. 원하던 대로 큰 자본가에게 낙점된 사람은 더 많이 봉사하여 충직함을 인정받기 위해 조직 내에서 끊임없이 경쟁한다. 잘 갖추어진 조직을 가진 자본가의 부는 자의적으로 확대되고, 노동자는 조직 안에서 성과와 경쟁의 결과에 따라 타의로 살아간다.

자본가의 회사 내부 경쟁에서 밀려난 패배자들은 자영업자로 내몰린다. 자본가들의 토지나 건물을 임대하고 자본가들이 설립한 금융 기관에서 돈을 빌린다. 자신의 모든 노동력을 다 바쳐 얻은 소득은 대개 자신에게 토지와 자금을 빌려준 자본가들이 거둬들이는 수익보다 터무니없이 적다. 능력이 탁월하여 자영업자가 돈을 벌면 자본가들은 임대료와 이자를 높여 그들의 수익을 착취한다. 운이 좋은 자영업자가 성공하여 자본가가 되면 자신이 착취당한 기억을 그대로 되살려 착취의 구조에 올라탄다.

　나는 매월 첫 번째 목요일 새벽에 기업 CEO들의 경영 자문 모임 조찬포럼에 참석한다. 전년도 사업 운영 결과 집계가 끝나고 직원들의 연봉과 성과급 결정을 마무리하면서 나는 고졸 신입 직원의 월급이 법에서 정한 최저임금에 미치지 못하는 사실을 발견했다. 해당 직원의 임금을 법에 맞도록 인상을 지시한 다음 주 목요일이었다. 그날은 신촌에 있는 명문대 경제학과 학장의 강연이 예정되었다. 하버드대학교에서 미국 연방준비제도이사회 의장 앨런 그린스펀의 경제학 강의를 들었다며 자신의 학문적 탁월함과 경제학 지식의 객관성을 뽐내는 그는 정부의 경제 정책 문제점을 지적하였다. 그는 최근 경제불황 원인 중 하나로 2년간 30% 가까이 오른 최저임금 인상을 지적했다. 나는 그의 주장에 동의하지 않는다. 최저임금을 겨우 30% 올렸다. 근로자 전체 총임금이 30% 인상된 것이 아니다. 언론들도 기업이 감당할 인건비 총액이 30% 더 지출되는 것처럼 호도하며 기업을 대변한다. 산업이 경쟁력을 잃고 결국은 기업가와 노동자 모두 손해라는 논리를 펼친다. 고용되어 있음에도 인격적 삶을 살지 못하는 임금을 받으며 노동력을 착취당하는 노동자를 보호하는 최소의 장치가 최저임금제도다. 기업에 고용된 직원 중에 자신의 월급이 최저임금 선에 있는 사람이 전체 고용 근로자의 몇 퍼센트나 될까? 나의 회사는 올해 임금을 10% 정도 인상한 고졸 직원 한 사람뿐이었다. 사회시스템이 제대로 되었다면, 중소기업에 취업한 고졸 신입 직원도, 식당에서 일하는 아주머니도, 편의점 아르바이트 학생도, 노동의 대가로 최소한의 인격적 삶을 살 수 있어야 한다. 좋은 나라라면 그들도 봉급을 받아 생계를 유지하고, 최소한의 여가와 문화생활이 가능해야 한다. 근로자의 노동력을 착취하여 기업과 자영업자의 수익을 늘리는 시스템이 합법적으로 작동하도록 내버려 두면 안 된다. 불평등과 양극화가 극단적으로 확대된 사회가 평화롭게 지속될 리 없다. 직업만 있으면 누구나 인격적 삶을 살 수 있는 수입이 보장되어야 한다. 그러기엔 여전히 최저임금이 너무 적다. 최저 수준의 근로자 임금을 낮추는 것이 아니라 기업 경영자의 연봉과 건물 임대료의 최대 수준을 제한하는 것이 정의로운 선택 아닐까!

같은 회사에서 일하면서 정식 직원이 아닌 비정규직이라는 모순적인 채용 방법이 있다. 대학에 갓 입학해 경제학 원론을 읽은 아들이 어느 날 그 의미를 내게 물었다. 나는 설명을 시도했지만, 아들을 이해시킬 수 없는 비상식적 고용 방식이다. 기업은 인력 정리가 쉽다는 이유로 숙련 인력 유지를 포기한다. 노동자는 고용의 연속성을 걱정하고 임금과 복지의 차별을 받아들여야 한다. 더욱 이해하기 힘든 일은 사용자 기업이 근로자 파견 업체에 지급하는 개인당 임금은 정규직과 크게 차이 나지 않는다는 사실이다. 파견 업체에서 상당 부분을 수수료로 착취하기 때문에 해당 직원의 임금은 정규직보다 상당히 낮아진다. 노동자의 임금과 복지를 자본가가 합법적으로 착취하도록 법이 보장하는 고용 방식이다. 노동자는 모두 임금과 복지의 차별을 받지 않는 정규직이어야 한다. 기업은 경영 상태나 근로자의 성과를 평가하여 자유롭게 해고할 수 있어야 한다. 근로자의 실직이 자기 경력이 끝장나는 청천벽력이 아니라 자신의 노동력 가치를 높이고, 경력을 다변화하는 기회로 여길 수 있도록 제도와 사회적 선입견을 바꿔야 한다.

내 친구 A는 대기업 부장이다. 전국 노동자의 봉급을 한 줄로 세우면 5% 이내의 높은 연봉을 받는다. 최저임금자에게는 꿈의 연봉이겠지만, 그는 자신의 연봉으로 가치 있는 삶을 유지하고 노후를 준비할 저축이나 투자는 불가능하다고 생각한다. 봉급 절반을 두 아들의 사교육비에 투입하기 때문이다. 세금을 조금 더 걷어 공교육의 질을 높이면 누구나 공평한 교육을 받을 수 있고, 내 친구는 봉급을 자신의 행복한 삶에 투자할 수 있을 것이다.

돈이 신분이 되고 부모가 돈이 없으면 좀처럼 바뀌기 어려운 닫힌사회보다 열심히 하면 신분을 바꾸어 잘 살 수 있는 열린 사회가 더 행복한 사회라는 사실은 누구나 공감한다. 비정규직과 대기업 부장이 모두 만족하지 못하는 우리 사회는 국민 전체가 행복하지 않은 모순된 사회다. 국가의 경제력이 커지고 나라의 위상이 높아져도 국민이 불행한 사회는 쉽게 무너질 것이다.

　노동자들도 문제가 없는 것은 아니다. 통계에 의하면 OECD 국가 중 멕시코 그리스 다음으로 우리나라 노동 시간이 길다. 이유는 두 가지다. 첫 번째는 멕시코, 그리스, 한국 모두 자영업 비율이 매우 높은 국가라는 특징 때문이다. 자영업자는 본인의 체력이 견뎌 내는 최대 시간을 노동 시간으로 정한다. 때로는 그 시간마저 무의미하다. 수입원인 손님이 들어오는데 응대하지 않거나, 있는 손님을 쫓아내며 자신의 노동 시간을 줄이기는 쉽지 않다. 손님이 끊기는 시간이 자영업자의 노동이 끝나는 시간이다. 두 번째 이유는 고용된 노동자들의 근무 집중도가 낮기 때문이다. 우리나라 노동문화를 냉정하게 살펴보면, 노동 시간이 길다기보다 노동하는 장소에 머무는 시간이 긴 노동 형태를 보인다. 저렴한 인건비를 이용하여 급격한 산업화에 성공하는 과정에서 우리나라 조직문화에는 개인의 성과로 노동의 가치를 판단하는 시스템이 없었다. 육체적·정신적 에너지 소모를 누가 더 많이 하느냐로 그 사람의 성실도, 즉 노동 가치를 판단해 왔다. 우리는 오래 머물고 많이 소모하는 근로 태도를 높이 평가한다. 눈에 띄게 성과를 독점하거나 성과가 탁월하더라도 개인의 에너지 소모를 최소로 일하는 사람을 얄밉게 본다. 여의도와 강남 사무실 거리의 아침 9시 풍경을 보면 우리나라 노동문화의 민낯을 금방 알 수 있다. 일을 시작해야 할 아침 9시가 지난 시간, 단체로 몰려나와 빌딩 구석에서 담배를 피우며 잡담하는 넥타이 차림 사람들 모습은 흔한 풍경이다. 그 옆 카페는 커피를 주문하는 직장인들로 인산인해다. 11시 30분만 되면 근처 식당에는 자리를 잡기 힘들고, 오후 1시가 넘은 시간의 회사 화장실에는 양치질하는 모습이 일상이다. 그러고는 6시에 퇴근하지 못하고 야근하며 근무 시간이 연장된다. 이런 태도의 노동자들이 정작 근무 시간 동안 일에 집중하리라고 기대하기 어렵다. 개인 능력과 성과에 대한 냉정한 평가가 아니라, 연공서열에 의해 성과와 능력의 판단 근거가 모호해지기 때문에 가능한 일이다. 노동 가치를 평가하는 관점을 바꾸어야 한다. 더 창의적이고 효율적인 사람이 우대받는 시스템으로 변해야 한다. 공산품 생산 효율 최대화가 목표였던 산업화 시대의 노동이 생산 수단에 불과했다면, 기술과 서비스의 혁신이 돈이 되는 정보화시대는 노동의 개념을 창의력의 발산으로 보아야 한다. 실리콘 밸리의 유니콘 기업들은 창업자의 창의력이 성공의 밑거름이 되었으며, 노동자의 창의력을 최대로 끌어내는 시스템을 운영하면서 성장하였다. 개인의 물리적 노동력과 시간의 누적 투입량보다 창의적 발상의 시도와 성공을 보상하는 시스템이 기업 발전의 동력으로 작용하고 있다.

　가난은 나태함의 산물이라는 고정 관념과 가난한 나라 사람일수록 더 게으를 것이라는 추측은 잘못된 것이다. 가난한 나라 사람들이 가난한 이유는 생산성이 낮기 때문이다. 이는 개인의 잘못이 아니다. 생산성을 높이는 자본재, 기술, 사회 기반 시설, 제도 등이 적절한 역할을 하도록 국가가 제대로 기능하지 못하기 때문이다. 그리스, 멕시코, 한국 같은 나라에서는 노동자의 게으름을 탓할 것이 아니라 생산성을 결정하는 요소를 독점하면서 제대로 활용하지 못하는 부자와 권력자들을 비난해야 한다. 효율 높은 농업기계로 생산하는 미국 쌀 가격이 소농 중심의 한국보다 저렴한 이유가 여기 있다. 세계적으로 유명한 콜롬비아 커피와 스리랑카 티를 유통하는 잘사는 나라의 회사는 거대 기업이 되었지만, 커피와 차를 생산하는 현지 농민은 가난한 이유이기도 하다. 삼모작 하는 동남아시아 나라가 해외에서 쌀을 수입하는 이유와 세계 1위 유전을 자랑하는 베네수엘라에서 휘발유를 생산하지 못하는 이유도 국가의 잘못된 정치 사회 시스템 때문이다. 자본가들은 노동력과 자원을 효율적으로 착취하여 엄청난 부가가치를 재생산한다. 제국주의 식민지 시대부터 경험으로 학습한 선진국 유지 시스템은 현재까지도 여전히 유효하다. 총과 대포 대신 정치와 외교로 가난한 나라를 자신의 이익에 묶어 두는 국제질서를 만든다.

링컨은 내전을 감수하고 노예를 해방했다. 노예 생활 경험 외에 아무런 지식과 자본과 도움 없이 해방된 흑인의 삶이 때로는 노예의 삶보다 더 비참해졌다. 노예 시절에는 최소한 먹을 것과 밤에 잠들 오두막이라도 주인이 보장해 주었다. 그때 링컨이 한 걸음 더 나아가 노예에게 토지를 나눠 주고 교육을 시행했더라면 오늘

착취 경제

날까지 남아 있는 인종 차별과 그것의 원인이 되는 흑인들의 사회적 지위 약화를 막을 수 있었을 것이다. 당시를 연구하는 역사학자 일부는 링컨이 1862년 노예제도를 철폐한 것은 도덕적인 확신에서 나온 행동이 아니라 전쟁에서 이기기 위한 전략적 조치였다는 의견도 있다. 모든 것을 자유시장에 맡겨서는 안 된다. 노예를 무작정 해방해서 자유 경쟁에 내모는 것이 불공평하듯이, 열악한 노동자들과 사회적 약자들을 보호할 장치가 필요하다.

우리나라의 성인 노동 인구의 10%는 자영업자이고, 15~20%가 정부 기관에서 일한다. 나머지는 모두 자본가 밑에서 일하는 임금 노동자이다. 노동자의 임금을 높여야 한다. 직업만 가지고 있으면 누구나 노동 수익으로 교양 있는 삶을 살 수 있어야 한다. 우리나라 경제 수준에서 보편적 중산층의 삶을 유지할 수 있는 임금이 지급되어야 한다. 노동 유연성을 높여야 한다. 더 좋은 직장으로 옮기는 행위가 일상이 되어야 한다. 봉급 생활자가 실직하면 자영업자로 갈 수밖에 없는 상황을 없애야 한다. 자영업도 전문가가 경영해야 임대료보다 높은 수익을 올릴 승산이 있다. 실직과 재취업이 불가능한 사람들의 어쩔 수 없는 선택이 되지 않도록 막아야 한다. 노동자의 협상 권리를 강화하고 실직했을 때, 최소한의 사회적 보호 장치가 있어야 한다. 실직이 경제 고립의 상태에 빠지지 않도록 배려가 필요하다. 선진국이라 불리는 우리나라에서 실직과 돈 문제로 가족이 동반 자살 하는 일은 없어야 한다. 극단적인 상황에서 구원의 도움을 줄 국가 차원의 구제 방법이 있어야 한다.

고용주도 조직에 해를 입히거나 능력이 부족한 사람을 쉽게 해고할 수 있어야 한다. 우리나라는 이력서에 전직 근무 회사가 많이 적혀 있으면 불성실하거나 문제 있는 인격의 소유자로 여긴다. 실리콘 밸리의 기술자들은 다양한 회사에서 일을 했다는 경력이 다음 직장을 얻는 데 큰 장점으로 작용하고, 노동자의 몸값을 높이는 데 도움을 준다.

오랫동안 한 분야에서 활동한 전문가의 지적 서비스를 돈으로 보상하는 것을 당연하게 여겨야 한다. 전문가를 의사, 변호사, 회계사 등으로 한정하면 안 된다. 물 새는 수도꼭지 배관을 터트리지 않고 바꾸고, 타일을 기하학적으로 정교하고 붙이고, 건물 형상에 맞도록 거푸집을 짜맞추는 등 오랜 시간 현장에서 터득한 경험 기술을 가진 전문가들에게 그들이 일에 투입한 시간과 재료비만 산정한 비용이 아니라 그들이 가진 무형의 노하우에 적절한 대가를 지불하는 것을 당연하게 여겨야 한다. 그들의 전문 지식이 높은 부가가치를 창출하도록 인정해야 한다. 그래야 직업의 귀천이 사라진다. 학벌 과잉이 사라진다. 취업난이 사라진다.

나는 교량 건설 회사를 운영한다. 회사 연구팀은 오랜 연구와 시행착오 끝에 안전하고 공기가 짧은 신공법을 개발했다. 우리가 개발한 공법이 건설 계획에 채택되려면 다른 공법에 비해 설계는 우수하고, 가격은 저렴해야 한다. 공법 선정에 성공하면 설계는 무료로 제공해야 한다. 건설 공법은 기획과 설계가 기술의 핵심이지만 부가가치를 창출하지 못한다. 공사에 투입되는 자재비와 인건비만을 계산하여 수익을 만들어야 한다. 기술 개발로 회사의 부가가치를 높이기 어렵다. 음지의 힘으로 재료비와 인건비를 부풀려야 회사를 유지할 수 있다. 교량 공사 발주처는 국가이다. 연구 개발에 들어간 노력과 경험으로 얻은 지적 가치를 국가조차 지불하지 않는다. 전문가의 기술이 돈을 지불해야 하는 지적 자산으로 인정되지 않으면 숙련된 전문가와 기술 개발 인력은 우리 사회에서 점점 사라질 것이다. 특정 직업이 위험하고 어려운 일을 하면서 돈은 벌지 못하는 기능인이라는 인식만 남으면 숙련된 기술은 전승되지 못하고, 일자리는 사라진다. 직업에 귀천이 생기고 사회 양극화는 점점 심해진다.

노동자가 노동자를 착취한다. 대기업 노조는 그들의 강력한 연대에서 나오는 협상력을 같은 일을 하는 비정규직과 나누려 하지 않는다. 하청업체 직원들의 열악한 처우는 외면한다. 같은 임금과 복지를 주장하면 자신들의 이익을 나누어야 하기 때문이다. 같은 산업에 종사하는 모든 노동자가 연대하면 모두가 잘사는 사회가 될 수 있지만, 그들의 이익을 나누면서까지 다른 노동자의 권리를 옹호하지 않는다. 큰 기업 생산 라인에서 일하는 행운을 지키려 할 뿐이다. 그들이 그토록 부르짖는 사회 정의 실현의 항목에 같이 근무하는 비정규적 근로자의 처우 개선은 없다. 회사는 그들의 주장에 굴복하고, 비정규직 운영으로 손실을 보전한다. 비정규직은 같은 일을 하지만 단지 소속이 다르다는 이유로 차별받는다. 노조의 요구를 들어주기 위해 회사는 하청업체의 단가를 깎는다. 하청업체 직원의 처우는 점점 열악해진다.

신분 계층 분리와 착취의 일상화는 필연적으로 착취자와 피착취자의 위치를 뒤바꾸는 혁명을 통해 그 구조가 깨진다. 하지만 혁명에 성공한 주체는 다시 착취자가 된다. 인간의 본성은 성현들의 철학적 가르침과 종교의 교화로 바뀌기 어렵다. 법률은 동물적 약육강식이 난무하는 야생의 사회를 막기 위해 인간의 원초적 본능을 평화적으로 제한하는 위대한 발명품이다. 불행하게도 법률 내용을 정하는 권한을 대중이 골고루 나눠 가지지 못한다. 착취의 주체들이 그들의 신분과 자본을 이용하여 법을 제정하는 권한을 위임받을 가능성이 크다. 그들은 그들의 기득권을 유지하는 수단으로 법률을 이용한다. 그리고 그 법을 지키는 것을 정의라 현혹한다. 자신들이 정한 법을 따르지 않으면 불법으로 규정하고 폭력적인 제재를 정당화한다.

혁명은 증오의 결과다. 견디지 못할 만큼 상대를 증오하면 내 목숨을 잃을 위험을 각오하고 증오의 대상을 공격한다. 혁명 과정에서 정상적으로 상대를 굴복하지 못할 상황이라 판단하면 내가 죽어서 상대를 파멸시킬 수단을 감행하여 자신의 증오를 해소한다. 민족주의적 영웅들이 그렇게 해서 추앙받기도 하지만, 몸에 두른 폭탄을 자기 몸과 함께 폭파해 무고한 희생자를 내는 극단주의 테러리스트가 되기도 한다. 선과 악은 증오의 동기가 같은지 다른지에 따라 극명하게 나뉜다. 인간의 역사를 되돌아보면 상대를 희생시키지 않고 설득하여 혁명을 완성한 경우는 드물다. 내가 피착취 상태에서 벗어나기 위해 상대를 파멸할 가장 잔인한 폭력을 구상하고 실행하였다. 자본과 기술과 정치적 영향력을 가진 사람이 앞으로 계속 현명한 판단을 하리란 기대는 과거 광기의 인류 역사를 되새겨보면 불가능한 일이다.

인류는 오랫동안 동물의 힘과 기계의 동력을 활용하여 노동의 가치를 높여 왔다. 이제 우리는 로봇과 인공지능이 인간의 노동을 대신할 미래를 맞이하고 있다. 신기술은 인간의 일을 빼앗는 도구가 아니라, 노동을 더 편안하고 가치 있게 만드는 수단이 되어야 한다. 모든 기술은 인간의 정신적·육체적 노동이 빚어낸 결과물이다. 발달된 기술과 자본이 노동하는 인간의 존엄을 위협하지 않도록 감시하고 저항해야 한다.

금융의 착취

금융의 발명이 대규모 자본 투자 위험을 분산하여 원거리 무역이 가능하게 했다거나 산업혁명 후의 자본가 출현에 도움이 되었다지만, 금융의 혜택은 운이 좋은 몇몇 사람들에게 대부분 돌아갔다. 산업화 이후 세계의 기술 발전 방향과 사회 체제를 결정하는 데 금융 자본가들이 중요한 역할을 했다. 돈이 되는 기술에 투자하고 자신들의 기득권을 옹호하는 권력을 지원하였다. 역사적으로 가장 큰 부자는 금융업에서 나왔다. 지주는 착취 수단으로 유형의 토지라도 보유하고 있지만, 금융은 신용이라는 무형의 약속이 착취 수단이 된다. 지주의 착취는 소유한 토지 규모에 한정되지만, 신용은 무한대로 키울 수 있다는 점에서 금융의 착취는 더 효과적이고 광범위하다. 인류의 평화로운 번영에 필요한 기술 개발과 경제적으로 착취 당하는 가난한 민중은 금융의 혜택에서 소외되었다. 현재의 금융 시스템은 개개인의 이익을 보호하고 확대하는 역할보다 착취 경제의 도구로 작동한다. 금융이 선택받은 소수의 이윤 추구가 아니라 인류의 지속 가능한 번영을 위한 수단으로 작동하도록 제도 개혁과 공공의 개입이 필요하다.

금융이 수익을 창출하는 방법은 개인과 법인을 부채라는 감옥에 가두는 것이다. 부동산은 실제 사용 가치에 금융 기관 대출 금액을 더한 금액으로 거래 가격이 정해진다. 몇몇 행운아를 제외하고 대부분 주택은 은행에 이자 형태의 월세를 지급하는 방법으로 소유한다. 신용카드 소비는 개인을 끝없는 부채의 생성과 상환의 굴레에 가둔다. 은행은 거래 상대의 신용 불안을 해소하는 방법으로 보증을 제공하고, 수수료를 챙긴다. 무역 거래에는 지급 담보 신용장. 용역 거래에는 이행 담보 보증이 필요하다. 거래 쌍방은 보증 수수료만큼 수익을 은행에 뺏긴다. 약속한 신용이 지켜지지 않았을 때, 은행은 담보로 잡아 둔 거래자의 자산을 압류하면 된다. 거래자는 신용을 지키는 대가로 수수료를 미리 지급해야 한다. 은행의 위험은 매우 작고 거래자는 수수료와 담보로 대부분 위험을 부담한다.

금융의 감옥을 가동하는 비용은 내가 저축한 돈에서 모두 나온다. 개인은 자신의 노동 소득을 최대한 저축하기 위해 노력한다. 하지만, 노동자는 자산을 보유할수록 저축보다 부채가 커진다. 금융은 개인이 저축한 돈보다 더 많은 돈을 빌려줄 권리를 가진다. 개인은 자산을 사들이기 위해 자신이 저축한 돈을 빌려 은행에 이자를 갚는다.

금융 사업이 가능한 유일한 조건은 국가의 허가뿐이다. 은행은 컴퓨터 화면에 표시되는 허상의 가치가 부여된 숫자의 이동 권리를 이용하여 막대한 부를 축적한다. 은행은 신용이라는 허상을 이용하는 사기에 가깝다. 은행은 우리가 맡긴 돈을 모두 보관하지 않아도 된다. 10% 내외의 지급준비금만 남겨 두고 신용을 재생산하여 이론적으로는 무한하게 대출을 실행할 수 있다. 경제 위기가 발생해 모든 예금주가 예금액 중 10%만 일시에 인출을 요구하면 은행은 파산한다. 한동안은 금으로 교환을 약속하여 돈의 가치를 보장하였지만, 금융가들의 욕망에 동조하는 정치가의 선언 한마디로 돈의 근원적 가치는 일순간 사라졌다.

현대의 은행은 돈이라는 실물을 만져 볼 기회도 주지 않는다. 월급과 수입은 컴퓨터 화면에 찍힌 숫자로 표시된다. 돈이 필요해 대출받으면 내가 돈은 가졌단 유일한 증거는 화면의 숫자뿐이다. 은행은 돈을 벌지도, 만들지도 않으면서 우리 개인의 신용을 숫자로 바꿔 그것을 예금과 대출금이라 부르고 무한하게 돈을 증식한다. 경제 위기가 발생하면 은행 앞에 자기 돈을 돌려받기 위해 장사진을 이루지만, 은행은 인출 한도를 제한하거나 중단해 버린다. 어떤 이유로 화폐 유통량을 늘려 인플레이션이 발생하면 내 돈의 구매 가치는 줄어든다. 금융의 역사는 은행이 사기란 사실을 명백하게 증명한다.

내가 입금한 돈이 숫자로 표시된 통장의 첫 장에는 '당신의 예금은 오천만 원까지(만) 예금보험공사에서 지급 보증합니다'라는 문구가 당당히 적혀 있다. 국가에서 공인한 기관에 내 돈을 맡겼는데 오천만 원 이상은 돌려줄 보장을 하지 않는다니, 이보다 더 뻔뻔한 사기가 있을 수 있을까! 그런 위험에도 불구하고 우리는 월급이나 거래대금을 은행으로 지불받고, 우리 자산을 은행에 맡겨 둔다.

투자금융의 착취는 더 비상식적이다. 이들은 돈을 불려 준다고 유혹하여 개인의 돈을 모으고 투자 방법에 대한 모든 권한을 위임받는다. 투자금에 그들의 돈은 없다. 투자에 손실이 나거나 기관이 망하면 모든 책임은 그들에게 돈을 맡긴 개인의 책임이다. 말도 안 되는 사실은 이런 시스템을 법률이 보장하고 있다는 것이다. 투자를 처음 시작할 때 위험성을 설명하는 것으로 모든 법적 책임에서 면책받을 수 있다.

소비재는 그것을 이용하여 생명을 유지하거나 생활의 편의를 돕고, 부동산은 우리가 안전하게 살거나 생산 수단으로 이용할 수 있지만, 증권과 채권의 가격이 오르는 유일한 이유는 그것을 살 사람이 많다는 사실뿐이다. 증권의 태생은 동방으로 가는 향신료 무역선에 투자하여 배가 돌아오면 투자금에 따라 수익을 배분하기 위한 투자금 증명서였다. 현대 금융에서는 투자 목적물에서 발생하는 수익에 대한 관심은 희미해졌다. 다양하게 파생한 유가증권을 투기 수단으로 베팅하는 증권 거래소는 도박장이 되었다. 거래를 중개하는 증권사는 거래량과 횟수를 늘리기 위해 노력한다. 2008년 세계적인 금융위기는 아무도 이해 못 하는 증명서 거래 방법이 순식간에 사기로 드러나면서 발생했다. 속임수는 금융 회사들이 저질렀지만, 파산자는 개인 투자자였다. 위기의 주동자는 재산을 그대로 보존하였고, 얼마 지나지 않아 더 복잡한 거래 수단을 개발하여 투자자를 현혹하고 있다.

노동의 대가는 금융 시스템 안에서 숫자로 정의되고 지급된다. 금융이라는 필터로 수입과 소비를 통제당한다. 금융은 신용이라는 실체 없는 약속을 통해 소비할 수 있는 가치를 만들어 숫자로 제공한다. 금융의 종잣돈은 대부분 개인 노동 소득이다. 노동의 대가는 저축과 투자를 통해 다시 기업으로 돌아간다. 금융이 위기에 빠지면 개인에게 가장 가혹한 착취 수단으로 작용한다. 개인이 은행에서 빌린 돈을 갚지 못하면 인생이 파멸한다. 기업이 파산하면 실업자가 된 노동자의 소득은 사라지고, 실체 없는 법인이 파산해도 자본가의 유일한 손해는 탐욕뿐이다. 금융이 파산하면 개인의 저축과 투자금은 사라진다.

저축은 대출의 원금이 되고 은행은 지급준비율을 활용하여 무한하게 개인에게 대출할 수 있다. 대출 이자는 예금 이자보다 항상 높다. 노동자들은 자신들이 저축한 돈을 빌려 집을 사고, 자동차를 산다. 높은 이자를 꼬박꼬박 갚아 나간다. 투자사들은 아무런 투자 수단을 제공하지 않았음에도 우리의 돈을 채권과 주식에 투자하여 수수료를 착취한다. 모든 위험은 노동 소득을 맡겨 놓은 개인이 부담하고, 대부분 이익은 금융 운영자가 가진다. 무엇인가 이상하지 않은가? 금융이 현대사회에 미친 긍정적 역할도 크다. 하지만 그것은 어디까지나 자본가에 한정된 혜택이다. 자본을 형

　　　　　　　　　　　　　　　　　　　착취 경제

성하지 못한 노동자에게 금융의 역할은 수익의 보존과 증대보다 착취의 도구가 되는 경우가 훨씬 많은 것이 사실이다.

금융은 현금 없는 사회를 목표로 한다. 개인의 수입과 소비 내용을 아는 것은 개인의 모든 것을 아는 것이다. 신용으로 구매할 수 있으면 소비를 자극한다. 사람은 실물 화폐보다 신용카드를 사용할 때 더 큰 소비 자극을 받는다. 인터넷 쇼핑 발달로 화폐는 고사하고 신용카드를 내밀고 리더기에 긁는 일조차 필요 없어졌다. 노동자는 자신의 수입으로 발생한 현재의 구매 신용에 더해 미래의 신용까지 빌려 와 소비에 열을 올린다. 결국, 노동자는 금융 회사에서 빌린 대출과 이자를 갚기 위해 일하게 된다. 저소득층, 중산층 구분 없이 급여 대부분을 주택과 자동차 대출금과 신용카드 지출 상환에 사용한다.

빚의 감옥에서 탈출하려는 노동자가 가장 먼저 할 일은 신용카드를 없애는 것이다. 나는 신용카드가 없다. 자발적인 폐기는 아니었다. 10여 년 전, 나락에 빠진 사업을 유지하기 위해 이곳저곳에서 빌린 복합 대출과 현금서비스를 연체하게 된 후, 나는 신용 불량으로 낙인찍혀 신용카드 사용을 금지당했다. 세월이 흘러 신용을 회복한 지금까지 나는 신용카드를 다시 가질 계획이 없다. 신용카드를 사용하지 않은 그동안 나는 재무적 압박의 많은 부분에서 해방되었다. 누군가에게 갚아야 할 돈이 없다는 경험은 이전에 한 번도 누리지 못했던 경제적 자유를 주었다. 신용카드 소비는 빚이다. 한 달 후에 상환해야 할 단기 부채다. 신용카드를 사용하고 결제일에 갚거나 리볼빙을 통해 조금씩 갚아 나가는 행위는 내 돈을 내게 빌려주는 카드사에게 빌린 내 돈을 이자와 수수료를 합쳐 갚아야 하는 비상식적인 소비 형태이다. 더 심각한 것은, 우리 뇌가 신용카드를 진짜 돈으로 여기지 않는다는 점이다. 결제일이 돌아오면 우리는 항상 이 사실을 깨닫지만, 신용 소비의 굴레에 빠지면 다시 빠져나오기 힘들다. 수입이 정해져 있는 월급생활자에게 신용카드는 지난달 소비를 이번 월급날에 갚고, 이달 소비는 다시 신용카드 빚으로 남겨 두는 악순환의 고리를 끊기 힘들다. 지금 당장 현금이 없어도 살 수 있는 물건과 서비스 앞에서 합리적 이성은 본능적 소비 욕구를 이기지 못한다. 소비의 쾌락에 물들기 시작한 욕구는 나의 현실과 분수를 잊어버리도록 만들고, 월말에 갚아야 할 빚은 점점 감당하기 힘들게 된다. 급기야 사용자의 신용 규모를 극단적으로 키우고 신용카드회사의 수익을 최대로 만드는 멋진 작품인 리볼빙이나 현금서비스를 이용하기 시작하면 파멸은 시간문제다. 그중 리볼빙은 최악의 부채상환 방법이다. 내 돈을 내가 빌려 쓰고 발생한 이자에 이자를 붙여서 갚아야 하는 방식은 신용카드회사의 약탈적 영업 수법이다. 최근에는 핀테크라는 이름으로 소비를 더 쉽게 만든다. 어린아이들까지 현금 없이 숫자만으로 지출할 수 있다. 현금 없는 사회라는 그럴듯한 첨단 기술로 포장하지만, 결국 우리의 경제생활은 신용 소비와

착취 경제

부채상환이라는 악마의 고리에 묶여서 내 노동의 대가를 은행에 억류당하고, 이자와 수수료를 벌어 주는 노예가 된다.

'쓰기 위해 돈을 버는가?', '갚기 위해 돈을 버는가?'의 차이는 크다. 돈을 '벌기 → 모으기 → 쓰기'의 순서가 합리적인 경제 활동이라면, 돈을 '쓰기 → 벌기 → 갚기'는 신용카드 소비의 지출 패턴이다. 월급을 제대로 만져 보지도 못하고 돈을 벌고 모으는 행복이 사라진다면 사회생활을 지탱하는 의미가 반감된다. 연체하지 않는 것이 돈을 버는 중요한 목표가 되면 안 된다. 소비를 줄이려면 조금 불편한 소비 구조를 만드는 것이 답이다. 체크카드를 사용하여 내 잔고를 넘어서는 지출은 불가능하게 만들고, 궁극적으로 모든 지출은 현금만 사용하는 것이 가장 합리적이다.

신용카드가 없는 나의 경제 활동을 돌이켜 보면, 첫째, 수입과 지출로 연결되는 돈의 흐름을 내 의도대로 통제할 수 있게 되었고, 지출은 언제나 나의 은행 잔액 내에서 이루어졌다. 둘째, 소비를 필수적인 것들로 한정하고 과소비를 막을 수 있었다. 물건값을 치르기 위해 현금을 세거나, 물건값을 지급하고 남는 내 계좌 잔액을 확인하다 보면 '지금 내가 구매를 결정한 물건이 이 많은 돈을 지급할 가치가 있는가?' 다시 생각하게 된다. 거액이 필요한 소비재는 구매를 더 신중하게 검토하거나 필요한 금액을 모을 때까지 구매를 미루게 된다. 경제적 자유란? 내가 상상하는 모든 소비를 거리낌이 없이 실행할 수 있는 수단을 가지는 것이 아니라, 타인의 유혹이나 독촉에 얽매이지 않고 내가 가진 돈을 내 이성과

의지대로 지출할 능력을 의미한다.

우리 회사 직원들은 법인카드로 체크카드를 사용한다. 개별 사용 금액이 계좌에서 즉시 지출되니 결재일에 목돈을 갚을 일이 없다. 회계 관리는 간편해진다. 나는 월급날이 되면 현금을 인출하여 봉투에 넣어 아내에게 직접 가져다준다. 오만 원권이 아니라 일만 원 소액권으로 찾아 봉투가 찢어질 듯 가득 넣어 준다. 주는 사람은 흐뭇하고, 받는 사람도 즐겁다. 부피 큰 만 원권을 사용하려면 불편하다. 그 불편이 우리를 경제적 자유로 이끈다. 사람의 욕망은 한계가 없어서 자신이 꿈꾸는 규모의 부자는 될 수 없다. 하지만 나는 최소한 부채가 내 노동을 억류하지 않는 삶을 살게 되었고, 누군가에게 갚아야 할 돈이 없는 생활을 한다. 신용카드를 사용하지 않은 것이 가장 큰 도움이었다.

토지는 모든 불로소득의 근원이다. 우리나라는 아파트가 그 역할을 대신한다. 안목과 운과 시간이 필요한 토지보다 시장에서 교환 가치가 명확한 아파트 투자는 모두의 열망이 되었다. 우리나라 경제 성장 과정에서 아파트만큼 확실한 재산 증식 수단이 없다는 사실을 국민 모두 경험했다. 치솟는 아파트 가격을 잡기 위해 정부에서 어떤 규제를 하더라도 전 국민의 한결같은 욕망을 이길 방법이 없는 이유다. 아파트 가격 상승을 제어하기 위해 정부가 제일 먼저 내놓은 규제는 개인 대출 가능 범위의 축소다. 아파트 가격은 언제나 상승한다는 믿음 때문에 사람들은 대출할 수 있는

　　　　　　　　　　　　　　　　　착취 경제

최대 금액을 기준으로 자신이 구매할 수 있는 최고가의 아파트를 매입한다. 그래야 어디에 사는지가 사회적 지위를 상징하는 우리나라 사람들의 위선을 만족시키고, 아파트 가격이 상승했을 때 최대의 재산 증식이 가능하기 때문이다.

은행 대출 한도는 대개 아파트 가격의 절반쯤이 일반적이다. 그렇다면 모든 사람이 대출을 이용하지 않으면 지금의 반값으로 집을 거래할 수 있지 않을까! 왜 은행 대출을 실제 내 보유 금액에 얹어 2배의 가격으로 아파트를 거래하고 있을까? 상상해 보자. 우리 모두 아파트 담보 대출 없이 거래하자. 은행의 배만 불리는 일을 하지 말고 우리 돈으로 거래하자고 약속하면 이론적으로 아파트 가격은 당장 반이 되지 않을까! 담보 가치가 확실한 아파트를 대상으로 대출을 부추기는 은행에 속지 않았다면 막대한 이자를 지급하지 않아도 되고, 지금의 반값으로 아파트를 소유할 수 있다. 전액을 현금으로 지급할 수 있는 자본가의 배만 불리는 은행의 유혹에서 벗어나기만 해도 아파트 가격 문제는 상당한 부분 해결할 수 있다. 서울의 평균 아파트 가격이 10억 원이 넘었다. 봉급 노동자가 그 절반인 5억을 대출하여 아파트를 보유하고 있다면 이자율 5%만 잡아도 한 달 평균 200만 원이 넘는 이자를 은행에 지급해야 한다. 급여에서 매월 200만 원을 은행에 납부하고 풍요로운 생활이 가능한 봉급 생활자는 드물다. 안정적인 직장을 가졌음에도 노동자가 느끼는 상대적 빈곤은 아파트 대출 이자에서 비롯된다. 그러니 아파트 가격 상승에 목숨을 건다. 어떤 정책도 먹혀

들지 않는다. 정부가 가격을 잡기 위해 이자율과 보유세를 높이는 정책에 극렬하게 반대한다. 아파트 가격을 안정시키려면 은행의 약탈적 대출을 멈추도록 강제해야 한다. 부자만 현금으로 아파트를 가지는 것이 아니라 돈이 부족한 사람도 은행 대출을 이용하여 집을 사도록 해 주는 긍정적 작용도 있다는 주장은 사기다. 가난한 사람들이 대출 이자로 착취당하는 동안, 부자는 자신의 현금과 대출을 합쳐 여러 채의 아파트에 투기하고 가격 상승을 부추긴다. 아파트 가격이 상승할수록 구매를 희망하는 사람들의 대출액은 점점 커진다. 집이 있는 개인은 물론 은행도 아파트 가격이 무한하게 상승하기를 기대하고 가격이 하락하는 것을 극도로 거부한다.

주식시장은 카지노의 블랙잭 게임과 승패의 룰이 같다. 한쪽이 이기면 다른 쪽은 진다. 이긴 자가 불로소득을 얻을 때, 진 사람은 땀 흘려 모은 노동 소득을 잃는다. 증권회사와 거대 투자자는 자신들이 시장을 예측할 수 있다고 주장하면서 차트 분석에 의미를 둔다. 과거 데이터를 분석하여 미래 주가를 예측할 수 있다는 그들의 유혹은 앞 유리가 검게 칠해져 앞을 볼 수 없는 자동차를 운전하는 사람이 달려온 길을 백미러로 보며 앞으로 달릴 길을 예측할 수 있다는 주장과 같다. 주가 전망 확률이 높은 주식 전문가의 차트 분석은 빈 벽에 이리저리 총을 쏜 다음 총알 자국 주위에 과녁을 그린 뒤, 자신이 명사수라고 자랑하는 것과 같다. 주가가 폭락했던 대부분의 날에 보름달이 떴다면, 보름달이 주가에 영향을 미친다는 주장과 다르지 않다. 투자의 귀재라 불리는 사람은 투자로 돈을 버는 방법을 일반인들보다 확실히 깨달았다기보다 일반인들보다 억세게 그것도 연속으로 운이 좋은 사람이라고 판단하는 것이 더 타당하다. 투자의 비밀을 아는 사람으로 알려지면 그가 매입하는 주식을 따라 사는 사람들 때문에 주가가 오르는 선순환이 반복된다. '워런 버핏이 투자했다'라는 종목은 오르지 않을 수 없다. 미디어에 출연하는 그의 손에는 늘 코카콜라가 들려 있다. 그의 생활이 소박하기보다 그가 운영하는 투자사의 포트폴리오에서 코카콜라는 중요한 회사이기 때문이다.

개미 투자자들 주변에 주식이나 부동산 투자로 갑자기 부자가 된 사람들이 넘쳐 나는 이유는 재테크로 재산을 잃은 사람은 말문을 닫고 모두 사라졌기 때문이다. 99.9%가 실패하는 시장에서 0.1%의 성공 사례에 나도 낄 수 있다는 믿음은 큰 착각이다. 가끔 좋은 꿈을 꾸었을 때 로또 복권을 사서 당첨되기를 기대하는 확률이 오히려 더 높을지도 모르겠다.

증권사들은 주식 거래가 편리한 앱을 만들고, 수수료를 최저로 낮춘다. 시시각각 변하는 주식시세에 눈을 떼지 못하게 만들고 사고팔기를 반복하도록 유도한다. 거래의 횟수가 늘어날수록 주식 투자는 슬롯머신 도박이 된다. 누군가 터트린 잭 팟의 전설을 나도 이루어 보겠다는 희망을 안고 사고팔기를 반복한다. 대세 상승에 올라타거나, 운이 좋아 가끔 일어나는 사소한 투자 성공을 자신의 탁월한 투자 안목으로 믿으며 시장을 떠나지 못한다. 반복적으로 발생하는 대규모 하락장에서 결국 우리의 소중한 노동 소득은 허무하게 사라진다. 투자 손실에 비하여 자신의 봉급이 보잘것없이 느껴지며, 노동 의욕은 흐려진다. 투자는 빚으로 남고, 자책하면서 빚을 갚으며 다시 일한다. 하지만 다시 호경기가 왔을 때 실패의 기억은 사라지고, 넘쳐 나는 재테크 책과 유튜브 방송을 보며 심기일전하여 다시 시장에 뛰어든다. 그가 투자의 귀재가 될 가능성은 복권에 당첨될 확률보다 높지 않다.

저마다 최고 수익 상태에서 한몫 챙겨 시장을 빠져나올 수 있다고 믿는다. 영화가 상영 중인 극장에서 화재가 발생했다. 스크린 뒤쪽의 연기와 불꽃이 곧 내 쪽으로 번질 것이다. 하지만 내 자리에 스스로 앉으려는 누군가를 찾아야 나는 영화관에서 탈출할 수 있다. 주식시장은 이런 이상한 규칙의 영화관과 같다.

개인이 성공하는 유일한 방법은 증권 브로커가 필요 없는 투자를 하는 것이다. 주식은 사고파는 것이 아니다. 사서 모으는 것이다. 매일 변하는 시세에 관심을 가지면 모으지 못한다. 시장에서 멀리 떠나 있어야 한다. 옆자리의 우연한 잭 팟이 나에게도 일어나리라는 상식 밖의 기적을 기대하며 나의 소중한 노동 소득을 착취당하면 안 된다. 증권보다 부동산 투자에서 성공한 사례가 더 많은 이유는, 아파트나 땅은 한 번 사면 수년 수십 년을 가지고 있기 때문이다. 통계적으로 분명하게 증권 수익이 부동산보다

착취 경제

높다. 시간만이 우리가 주식시장에서 그들과 평등한 조건이다. 그것도 운이 좋아야 한다, 한 종목에 집중 투자 하지 말고 포트폴리오를 구성해야 한다. 그리고 20년을 기다려야 한다. 그중 몇몇 회사는 망해서 없어졌을 것이고, 몇몇 회사는 수십에서 수백 배로 성장했을 것이다. 망한 회사에는 미련을 가지지 말고 성장한 회사의 수익을 실현하여 노후를 보내야 한다. 젊은 시절부터 내 소득의 일정 금액만큼 매월 꾸준하게 우량주식을 매입하고, 노후를 보낼 시기에 딱 한 번 매도하여 현금화하는 것이 개인이 주식시장에서 수익을 남기는 가장 현명한 방법이다.

주식의 복리 개념을 잘 이용해야 한다. 시세차익을 추구하는 것은 불가능하다. 몇몇 운 좋은 개미 투자자의 행운에 내 소중한 돈을 도박처럼 베팅하면 안 된다. 워런 버핏 재산의 99%는 60세 이후에 불어난 것이다. 그가 부자가 된 것은 그가 투자한 75년 동안 매번 멋진 결정을 지속한 신묘한 능력이 아니라 복리의 시간 때문이다. 1626년 인디언들은 유럽 이주민들에게 단돈 24달러에 맨해튼을 팔았다. 흔히 역사 속 어리석은 결정으로 여기지만 전설적인 투자자 존 템플턴은 다음과 같이 복리의 힘을 설명했다.

"24달러를 받은 인디언이 주식 펀드의 평균 수익률 8퍼센트에 투자했다면, 지금 맨해튼을 사고 로스앤젤레스를 두 번 사고도 돈이 남는다." 24달러를 매년 8퍼센트 복리로 투자하면 2003년에 95조 달러이며, 원화로는 11경 원이다. 하지만 원금에만 이자를 지급하는 단리, 즉 적금에 가입했다면 9,770달러밖에 되지 않는다. 이런 가정도 어떤 면에서 자신의 펀드에 가입하라는 권유에 불과할지도 모르지만, 개인이 주식 투자를 통해 재산을 증식할 수 있는 그나마 가능성 있는 방법이다.

은행은 빚을 갚지 못했을 때 처분하여 손실을 회수할 부동산 담보를 평가하여 돈을 빌려준다. 국가로부터 통화를 재생산할 특별한 권리를 부여받은 은행은 사채업과 달라야 한다. 금융이 경제적 위기를 넘길 기회를 제공해 주어야 하지만, 은행은 개인의 위기에 가장 가혹하게 작동한다. 주로 경제적 위기를 겪는 신용이 낮은 사람은 신용이 높은 이들보다 금융 시스템에 접근이 어렵고 비용도 많이 든다. 팬데믹 이후 양적 완화로 자산 시장의 불길이 뜨겁다. 자산가들은 시중에 넘쳐 나는 돈으로 자산을 불릴 기회를 얻었지만, 경제적 어려움에 빠진 사람은 금융의 순기능을 이용하기 쉽지 않다. 방역 정책으로 손해를 입은 이들에게 낮은 금리와 높은 한도의 대출 알선을 국가의 배려로 여긴다. 생산 수단에 투자하는 기업 대출은 도움이 크지만, 개인과 자영업자가 빌린 대출은 어려움을 해결하기보다 은행 대출 때문에 더 극단적 상황에 도달하는 경우가 많다. 소규모 자영업자나 개인이 빌린 돈은 월세를 지급하거나 가족의 생계를 위한 비생산적인 지출이 우선이다. 생산 수단이 자기 노동력뿐인 개인은 빌린 돈으로 제품을 생산하거나 재투자하여 얻은 부가가치는 자신이 가지고, 원금을 상환하는 구조가 되기 어렵다. 국가가 진정으로 그들을 돕고 싶다면 시민들에게 현금을 지급해야 한다. 개인에게 주어진 돈은 투자처를 찾기 위해 은행에 머물 여유가 없다. 당장 급한 생활비에 지출할 것이다. 개인은 위기에서 벗어나고, 자영업자 매출은 늘어난다. 국가 경제는 침체에서 벗어날 것이다. 통화량 증가로 물가 상승 우려가 있지만, 소비 증가로 인한 인플레이션은 경제 발전에 순기능이 더 많다.

신뢰하지 못하는 상대의 계약 미이행을 대비하여 신용보증기관은 보증 증권을 발행한다. 그들은 다양한 계약 관계에 끼어들어 적지 않은 수수료를 착취한다. 내가 운영하는 건설업은 선급금, 이행보증, 하자보증 등의 명목으로 공사 금액의 0.5~1.5% 보증료를 공사 단계마다 지급해야 계약이 이루어진다. 반복되는 보증료를 합치면 공사 금액의 3% 이상이 된다. 건설업의 평균 순이익률은 2~5%이다. 우리 회사가 얻는 공사의 순이익과 보증기관이 착취하는 금액이 비슷하다. 자본주의는 모든 금전 거래가 계약으로 이루어지기 때문에 그들은 막대한 이익을 얻는다. 그들은 당사자 간의 거래에 어떤 실제적 도움도 주지 않는다. 다만 거래 미이행의 불안을 강조하여 수수료를 착취한다. 행여 그들의 위협처럼 거래가 제대로 이행되지 않더라도 풍부한 담보를 잡아 두고 있으므로 그들이 지출한 비용을 회수할 다양한 안전장치가 있다.

신용이 낮은 개인과 법인은 높은 수수료의 보증마저 이용하기 어렵다. 보증기관은 신용이 높고 담보가 풍부한 대상들만 선별하고 거래에 끼어들어 착취한다. 우수한 기술을 가지고 있지만 담보가 부족해서 금융권의 대출을 받기 어려운 기업들을 위해 신용보증기금에서 대출 보증을 해 준다. 보증서가 있으면 대출 이자를 0.5~1.0% 줄여 주지만, 신용보증기금에서 1%의 보증 수수료를 떼간다. 어려운 기업을 돕기보다 기업의 어려움을 이용해 보증기관이 돈을 버는 구조다.

보험은 예상하지 못한 건강 문제나 재정 위험에 빠진 개인이나 기업에 금전적 방어막을 만들어 준다며 영업한다. 보험도 보증과 마찬가지로 문제가 실제 발생할 가능성을 그들이 계산한 확률보다 더 높게 강조하여 불안을 조장하고, 그들이 계산한 예상 보험 지급액보다 수수료를 높게 책정함으로써 금전을 착취한다. 불안했던 문제가 발생하지 않으면 납부한 보험금의 전부 또는 일부를 받지 못한다. 위험에 대한 보장을 받고 납부한 보험금의 원금을 돌려준다고 강조한다. 수십 년 동안 쌓인 이자 손실과 같은 기간 발생한 물가 상승은 이야기하지 않는다. 인플레이션 헤지를 위해 보험회사는 우리가 납부한 보험금을 모아 제일 먼저 하는 일이 도심의 요지에 부동산을 구매하는 것이다. 그들은 우리가 납부한 보험금의 이자와 투자로 발생한 이익을 고스란히 착취한다. 그들은 우리가 납부한 보험금을 찾아갈 상황이 발생할 확률이 매우 낮다는 사실을 분명하게 계산해 두고 있다.

보험에 가입하는 것보다 인출하지 못하는 적금에 가입하여 보험금처럼 주기적으로 납입하는 것이 합리적이다. 사고가 발생하면 해당 사고에 대비하여 저축한 적금을 사용하면 된다. 보험과 적금의 유일한 차이는 '쉽게 인출이 가능한가? 그렇지 않은가?'이다. 우리가 사는 동안 우려하는 사고가 발생할 가능성은 과거의 데이터로 분석하면 매우 희박하다. 불행하게도 사고가 나면 적금을 이용하여 사고를 수습하고, 계산한 확률대로 사고가 일어나지 않으면 적금은 나의 노후 자금으로 사용할 수 있다. 평생에 걸쳐 적금했다면 복리로 누적된 돈은 노후 자금에 큰 도움이 될 것이다. 보험에 가입하고 몇 번 납부하지 않을 시점에서 사고가 발생하고 내가 납부한 보험금보다 더 많은 돈을 받을 가능성은 매우 낮다. 혹시 건강에 문제가 생기거나 사고가 발생하여 내가 납부한 보험금보다 더 많은 금액을 받았다면 그것이 과연 내 삶에 행운과 위로가 될까? 쉽게 인출하지 못하는 보험의 장점도 보험회사는 교묘한 방법으로 착취에 이용한다. 갑작스러운 재정 문제가 발생하면 보험을 해지하여 큰 손해를 보거나, 내 돈을 내가 빌려 이자를 내고 상환하는 약관대출을 이용한다. 나의 해지 손실과 대출 이자는 보험회사 수익의 큰 부분이다. 재정적 여유가 있는 자본가들은 위험을 대비하는 보험이 필요 없다. 보험은 여유 자금이 없어서 불안한 자본 노예들의 공포심을 이용하여 금전을 착취하는 사기다.

물가는 지속해서 상승한다. 경기 순환에 따라 한 국가의 경제를 붕괴시키는 인플레이션이 주기적으로 반복된다. 자본가들은 인플레이션을 통해 자산 가치를 높이고, 노동자들과 자산 격차를 벌린다. 노동 임금의 실질 구매 가치는 부자들의 자신 가치 상승을 따라잡지 못한다. 노동자들이 자본가의 자산을 빌려 자기 노동력을 계속 제공하는 시스템은 인플레이션을 통해 견고해진다. 노동자가 자본가가 될 가능성은 점점 희박해진다.

금융은 인간이 의식주를 해결하는 데 실질적으로 필요하지 않다. 하지만 현대는 금융이 세계를 지배한다. 가치를 부여한 숫자의 장난에 대중은 삶의 희로애락을 착취당한다.

우리는 은행을 털고 은행은 가난한 사람을 턴다.

- 보니 앤 클라이드

인류 역사상 가장 위대한 사기는 돈이다.

- 유발 하라리

교육의 착취

우리나라 청년들 대부분은 그가 졸업한 대학의 지명도가 장차 그의 사회생활 수준을 결정하는 중요한 요인이 될 가능성이 크다고 판단한다. 사회 시스템을 결정할 권력을 가진 집단에 나의 동기나 선후배가 있다면 내 신분을 높은 계급으로 유지하고, 내 아이들도 같은 클래스에 묶어 둘 방법이 많은 것이 현실이다. 좋은 대학에 진학하여 부와 권력을 손에 쥘 수 있는 시험에 합격하기 위해 젊음을 바치는 이유다. 반면에 돈이 없거나 사회적 영향력이 약한 부모의 자녀는 교육 기회의 많은 부분을 상대적으로 착취당한다.

열정적인 교육열이 우리나라의 기적 같은 경제 발전 원동력이었음은 확실하다. 모두 가난한 시절에는 같은 조건에서 개개인의 노력에 따라 교육의 성취도가 정해졌다. 경제 규모가 커지고 빈부 격차가 벌어짐에 따라 부모의 교육과 부의 수준이 낮으면 교육을 통한 착취에서 벗어나지 못하는 원인이 되었다. 우수한 대입 시험 성적을 받은 수험생의 소감은 한결같다. '교과서 중심으로 선생님의 수업에 집중했다. 아침에 일어나 운동과 독서가 큰 도움이 되었다. 무슨 일이 있어도 하루 6시간 이상 잤다.' 내가 경험한 실제 학교 모습은 그들의 소감과 매우 달랐다. 학교 선생님은 가정 형편이 넉넉하고 성적이 좋은 아이를 선별하여 집중적으로 지원한다. 학교는 뒤처진 아이들을 세심하게 보살펴 같이 가는 길보다 쉬운 길을 선택한다. 고등학교의 명성은 대학 입학 결과에 따라 정해지기 때문이다. 선두에 있는 몇몇을 제외한 아이들은 선생님의 관심에서 대개 벗어난다. 가난한 집 아이들이 좋은 대학에 가는 것을 고의로 막는 나라는 없다. 그러나 우리나라와 같은 사교육 의존 교육 환경에서는 부모의 재력과 학력이 아이들의 진학 결과에 많은 영향을 미친다. 통계적으로 서울대학교 입학자 중 부자 동네 출신 비율이 매년 높아지고 있다.

분배보다 전체 파이를 키우기 위해 어느 정도 불평등은 감수해야 한다는 착취 경제를 신봉하는 보수주의자들 중에 가난한 사람들과 노인들이 의외로 많다. 자신들을 가난하게 만든 기득권을 지지하는 이유는 편협한 교육과 정보에서 비롯된다. 교육은 이념과 가치 판단의 기준을 사람의 의식에 심는다. 개인의 가치 판단은 그가 받은 교육 수준과 그가 접촉할 수 있는 정보의 범위 내에서 확정된다. 교육 수준이 낮아 다양한 지식 유입 기회가 주어지지 않고, 정보 해석 능력이 부족한 사람은 자신을 착취하는 정치인의 선동에 쉽게 현혹된다. 오늘날과 같이 정보가 넘치는 사회에서 정보의 획일화는 심각한 가치 판단의 오류를 일으킨다.

교육은 앞서 배운 사람이 후손을 가르치면서 이루어진다. 가르치는 사람의 이념과 욕망과 선입견이 배우는 사람에게 유입된다. 한 국가의 이념과 가치관은 집권 정치인의 이데올로기에 좌우되고, 국가 교육 정책을 통해 국민에게 전달된다. 북한의 3대 세습이라는 유례없는 독재가 가능한 이유는 교육을 통한 주민 정신 개조와 외부 정보의 차단이 성공했기 때문이다. 우리나라가 착취와 불평등에 저항이 적은 이유도 그것이 어쩔 수 없다고 가르치는 교육 때문이다. 경쟁에서 승리하면 자신이 착취의 주체가 될 수 있고, 그것은 자본주의 사회에서 당연한 불평등이라는 믿음을 교육받기 때문이다.

내가 대학에 입학한 80년대 말에는 '지방대'라는 대학 구별 방법은 없었다. 지방 국립대의 인기 학과는 서울대학교 낮은 학과의 입학 성적과 큰 차이가 없었다. 의대보다 공대, 법대가 입학 성적이 높았다. '지잡대'라는 모욕적인 구분과 '인서울'이라는 비이성적 서열화는 이제 일반 명사가 되었다. 대학은 입학 성적과 캠퍼스가 위치한 지역에 따라 철저하게 서열화되었다. 사설 입시 학원에서 제공하는 입학 가능 예상 성적에 따라 각 대학의 순위는 명확하게 구분된다. 대학 특성에 맞는 전공학과가 우위에 있었던 대학들마저 입학 성적 순서에 묻혀 버렸다. 과거에는 대학 서열이 밀리는 학교라도 우수한 전공학과의 입학 성적은 높은 경우가 일반적이었다. 최근에는 서열이 한 단계라도 높은 대학의 가장 낮은 학과의 입학 성적도 그 아래 서열 대학의 제일 높은 학과보다 높다. 같은 전공을 선택하는 경우, 아래 서열 대학에서는 수석이지만 바로 위 서열 대학에서는 불합격으로 예상하는 경우가 발생한다. 내 아들은 몇 년 전 입시에서 서울에 있는 두 대학의 기계공학과에 합격하였다. 같은 수능 성적으로 한 곳은 수석 입학으로 전액 장학금 대상이었고, 다른 한 곳은 추가 모집 합격이었다. 아이는 주저 없이 전액 장학금을 버리고 대학 서열이 한 단계라도 높은 추가 모집 합격 대학을 선택했다. 부모도 말릴 수 없었다. 고등학교 3학년 학생들은 유망한 전공보다 대학 서열을 따져 입학을 선택한다. 'SKY 서성한 중경외시 국숭세단'은 서울에 있는 대학다운 대학의 순서로 노래처럼 각인되어 있다. 모두 합쳐 수능 응시자의 5%도 되지 않는 입학 인원이다. 이곳에 입학하지 못한 학생은 학교 간판으로는 그럴듯한 기업에 취업 기회가 주어지지 않는 낙오자로 여기며 대학 생활을 한다.

유일한 예외가 있다. 의과대학이다. 우리나라 고등학생은 문과보다 이과 계열이 대학 가기가 상대적으로 쉽다. 전국 의과대학 정원 총합인 3,000명은 의과대학으로 먼저 빠지고, 3,001등부터의 경쟁이기 때문이다. 한국에 있는 27개 의대 중 가장 입학 성적이 낮은 대학도 국내에서 제일 좋은 대학의 공대보다 높다. 3,000명 의대 신입생 사이에서도 경쟁은 계속된다. SKY와 수도권 의대로 가기 위해 재수를 불사하고 돈 되는 전공을 선택하기 위해 그들끼리 경쟁한다. 치열한 경쟁을 뚫은 운 좋은 천재들에게 허락된 의대 입학에도 불구하고 산부인과나 외과같이 인기 없는 전공의는 공부 못한 의대생이라는 어처구니없는 시선을 받기도 한다. 내 딸의 고등학교 친구는 재수 끝에 국내 최상위급 대학의 한의과 대학에 다니면서 의대에 가기 위해 삼수를 준비 중이다. 한의과 대학 1학년의 2/3는 의대에 가기 위해 다시 수능 시험에 도전한다. 서울대학교 공대 합격생 중 수백 명이 입학을 포기한다. 상당수는 다른 학교 의대에 중복으로 합격한 학생들이다. 의사가 되어 우리 사회에 이바지할 인도적 목적으로 의대를 지망하는 이는 극소수이다. 개개인의 도덕성과 정의감은 다르겠지만, 의대에 합격한 두뇌를 가진 사람이 과학자나 엔지니어가 되면 우리 사회의 발전에 의사보다 더 크게 기여할 수 있다. 인류 사회는 특출난 몇몇 천재의 과학 기술 성과와 혁신의 지도력 때문에 선한 방향으로 발전해 왔다. 경쟁에서 밀린 범재들이 어쩔 수 없이 과학 기술과 인문학에 종사하는 사회는 미래가 없다.

우수한 인재들이 의대를 고집하는 이유는 미래의 불확실성을 걷어 낼 수 있다는 사실 때문이다. 새로운 과학 기술 발명이나 혁신적 사업에 도전하는 것보다 자기 능력으로 가장 쉽게 자본가가 되는 방법이 의사라고 판단한다. 돈 버는 능력으로 개인의 가치가 평가되는 천민자본주의 교육을 멈추어야 한다. 천재의 혁신과 이타적인 리더의 희생이 반복되지 않으면 세상은 본능적 약육강식의 동물 사회로 돌아갈 것이다.

무분별하고 일방적인 대학 입학 경쟁은 학교 교육의 신뢰를 무너뜨렸다. 이 틈을 사교육이 파고들었다. 모든 학생에게 평등한 학교 교육만으로는 경쟁에 이길 수 없다는 공포의 극대화가 사교육 업자들의 마케팅 전략이다. 그들은 직업에 귀천이 분명하고, 경쟁의 승패에 따라 사회 신분의 서열이 명백하다고 세뇌한다. 불안에 사로잡힌 학부모는 학원을 순례시키며 아이들을 경쟁에 내몬다. 주말 아침 학원으로 향하는 지친 표정의 초등학생들을 보면 정말, 이건 아동 학대다.

마케팅 이론 중에 개 사료 판매 전략이 있다. 출산율 저하는 우리나라의 심각한 사회 문제이다. 유모차보다 개모차 판매량이 많다며 자조한다. 반려견을 위한 사료 수요가 증가하고 있다. 개 사료 개발자들은 맛과 가격을 개의 취향에 맞추어야 할까? 개 주인에게 맞추어야 할까? 자기 개를 자식처럼 아끼는 사람이라도 개 사료의 맛을 보고 구매하는 사람은 없을 것이다. 성공적인 개 사료 마케팅 전략은 개가 선호하는 맛을 찾는 것이 아니라, 주인의 심리적 만족과 취향을 충족시키는 데 초점을 맞추어야 한다. 주인으로 하여금 '나는 내 개에게 좋은 사료를 먹이고 있다'라는 자부심과 만족감을 느끼도록 만드는 것이 효과적인 판매 전략이다.

사교육 업자들은 이 이론을 가장 적절하게 이용한다. 새 학기가 시작하여 학원 수강생을 모집하는 설명회는 학생들을 대상으로 하지 않는다. 학생들을 모아 놓고 지독하게 열심히 공부시키고 가혹하게 관리하겠다면 그 학원은 선택받지 못한다. 돈을 내는 사람은 학부모이다. 같은 설명을 학부모에게 하면 자녀를 잘 돌보지 못한다는 죄책감을 견디지 못하고 형편에 비해 과도한 학원비 지출을 결정한다. 아이는 학원을 돌며 가혹한 공부를 강요당한다. 모두가 학원에서 설명한 것처럼 성공하지는 못한다. 부자가 아닌 부모는 노후 자금을 학원비로 소진한다.

공교육의 붕괴와 사교육의 확대가 교육에 의한 착취의 가속 장치가 된다. 전쟁은 보급력에 승패가 좌우된다. 사교육 전쟁에서 보급은 돈이다. 돈 있는 부모의 자녀가 사교육의 이점을 독점한다. 돈 없는 부모는 사교육비 때문에 자본 축적의 기회를 얻는 데 더 큰 어려움을 겪는다. 중고등학생을 가진 부모의 노동 소득은 사교육 시장으로 빨려들어 간다. 그렇게 자란 아이들이 결혼하면 자신이 낳을 아이의 교육비 부담 때문에 출산을 꺼린다. 악순환이 끝없이 반복된다.

대학에 들어간 아이들은 자신의 우열을 규정하고 능력의 한계를 받아들인다. 상위권 대학 출신들에게는 당연히 굴종해야 하고 나보다 하위권 대학 동년배들을 무시한다. 대학 생활도 성적으로 서열화된다. 부모의 지원을 받지 못하고 학비를 벌어야 하는 학생은 아르바이트 때문에 공부할 시간이 빼앗긴다. 월세를 아끼기 위해 습한 반지하 방에서 찌뿌둥한 몸으로 일어나 학교에 가야 한다. 즉석밥을 데우거나 부실한 간식으로 식사를 때운다. 하지만,

장학금은 성적순으로 돌아간다. 부잣집 학생이 장학금을 받을 확률이 높아진다. 가난한 집 학생의 학자금 대출은 사회생활에서 두고두고 짐이 된다. 가난한 집에 태어났다는 불운은 아이의 교육 과정 동안 끈질긴 페널티로 작용한다.

음악, 미술, 체육 교육은 그들 사이에서 구축한 폐쇄적 카르텔 내에서 착취 시스템이 가동된다. 예체능에서 우수한 능력을 보이는 학생은 학교 외부의 저명한 강사에게 추가로 집중 교육을 받지 않으면 좋은 대학 진학이 어렵다. 강사는 아이들이 가고 싶어 하는 대학의 전현직 교수들이다. 관악기를 연주하는 내 친구 아들의 중학교 시절 레슨 강사는 악기를 더 좋은 것으로 교체하기를 권하고, 반드시 자신이 지정하는 업체에서 구매하기를 강요했다. 중학생이 사용하는 플룻의 가격이 수천만 원이었다. 아이가 고등학교에 올라가서 강사가 바뀌었다. 바뀐 선생님의 첫 번째 요구는 악기의 교체였다. 중학교 때 산 것보다 2배로 비싼 가격이었고, 마찬가지로 지정한 악기상에서 구매해야 했다. 미대를 준비하는 직원의 딸이 있다. 방학이 되면 1회 수강에 수백만 원이 필요한 미대 교수 특강을 들어야 했다. 한국무용을 하는 고등학교 3학년 조카가 있다. 콩쿠르에서 입을 의상 값으로 천만 원에 육박하는 돈이 필요했다. 당연히 강사가 지정하는 의상실이 아니면 구입할 수 없었다. 옛날이야기가 아니다. 2024년 현재 내가 직접 겪은 이야기다. 이렇게 교육받은 예체능 학생의 목표는 창의적 예술의 완성이 아니라 그들의 카르텔에 성공적으로 진입하여 착취의 지위에 올라가는 것이 된다.

우리는 자신의 인적 자원에서 소득을 얻는다. 노동의 가치는 내가 받은 교육 내용과 내가 가진 지식과 기술의 수준에 따라 결정된다. 교육은 개인과 국가 모두에게 효과가 높은 투자이기 때문에 진보한 복지 국가는 교육 기회의 평등과 무상 교육을 국가 정책으로 시행한다. 누구나 원하는 교육을 받을 수 있고, 자신의 재능과 관심에 따라 직업을 결정하기 때문에 직업의 종류에 따라 신분의 귀천이 정해지는 선입견이 사라진다. 사회 계층의 격차가 적고, 복지 수준이 높은 덴마크의 사례를 보여 주는 다큐멘터리 방송이 있었다. 퇴근 후, 동네 식당에 네 명의 친구가 함께 저녁 식사를 즐기는 중이었다. 의사와 시청 공무원과 목수와 그 식당 웨이터로 일하는 중년 남자들이었다. 우리 상식으로는 쉽게 조합되지 않는 친구들의 직업 구성이 의아했던 PD가 그들을 인터뷰했다. 의사는 마음이 통하는 친구들과 함께하는 저녁 시간이 즐겁다고 하고, 시청 공무원은 자신의 직업과 수입에 만족한다. 목수는 아들도 목수가 되기를 원한다. 근무 시간이 끝난 웨이터는 자신이 일하는 식당에 식사하러 온 친구들과 휴식을 즐기고 있다. 이들이 친구가 되고, 저녁 시간을 같이 보낼 수 있는 이유는 그들의 교양 수준과 수입이 비슷하기 때문이다. 덴마크인들에게 직업은 사회 계층을 나타내는 귀천이 아니라 자신의 성향과 가치관에 따른 선택일 뿐이다. 누구나 직업을 가지면 교양 있는 삶을 유지할 수 있는 수입과 여유가 보장되기 때문에 직업에 대한 사회적 편견이 없다. 직업에 따라 신분의 서열이 확실한 우리나라의 현실과 큰 차이가 있다. 그 차이는 대학 진학률에 영향을 미친다. 우리나라 고등학교 졸업자의 75% 이상이 대학에 가지만, 유럽 복지국가 고등학교 졸업자의 70%는 대학에 가지 않는다.

우리나라는 모두 대학에 가야 하므로 교육은 무한 경쟁이 된다. 명문 대학 진학 실패는 아이들에게 큰 상실감을 안긴다. 좋은 교육 기회를 놓쳤다는 아쉬움이 아니다. 자신의 신분이 아래 단계로 확정되었다는 사실을 받아들이는 과정에서 좌절한다. 대학은 서열화되고, 그 서열이 개인 신분 수준이 된다는 공포를 이용하는 사교육 집단이 번성한다. 학생과 부모는 열정과 돈을 사교육에 쏟아붓는다. 그럴수록 학교 교육은 무너진다.

학교 교육이 사교육보다 비교 우위에 있도록 만들면 교육 착취를 해결할 수 있다. 선생님들의 봉급을 높이고, 행정 업무를 대신할 사람을 채용해야 한다. 주기적으로 선생님들을 교육하고 평가하여 능력이나 의지가 없는 교사를 도태시켜야 한다.

인터넷을 이용한 정보통신 기술 발달로 교육개혁이 이전보다 쉽게 가능해졌다. 몇백 년 전 교실 풍경과 오늘날의 수업 풍경은 놀랍도록 닮았다. 학생들을 한 교실에 모아 놓고 가르치면 '누구에게나 맞는 두루뭉술한' 교육이 될 수밖에 없다. 개인의 재능과 관심과 능력에 맞는 교육을 제공하는 온라인 교육이 가능하다. 온라인 강좌를 제공하는 비용은 100명이 수강하든 10만 명이 수강하든 거의 같다. 더 많은 학생이 수강할수록 학생 한 명당 비용이 줄어든다. 학교 수업 영상을 온라인에 공개해야 한다. 수준 높은 강의 영상은 학교의 경계를 허물고, 누구나 듣도록 시스템을 구축해야 한다. 의지만 있으면 누구나 공평하게 반복해서 강의를 볼 수 있도록 인터넷 회선과 컴퓨터를 제공해 주어야 한다. 자신의 수업 내용이 공개되면 교사들은 도태되지 않기 위해 강의 수준을 높이는 노력을 게을리하지 않을 것이다. 시간이 갈수록 자연스럽게 사교육 시장은 위축될 것이다. 교사의 의욕을 높이는 유인책이 있어야 한다. 우수한 강좌에는 인센티브를 주고, 교사의 재교육 기회가 있어야 하며, 학교의 행정은 별도로 채용한 전문가에게 맡겨야 한다. 학생이 경쟁하는 것과 마찬가지로 교사들도 좋은 강의를 만들도록 경쟁시켜야 한다. 수능 1등 학생뿐만 아니라 강의 1등 교사도 영웅으로 만들어야 한다. 코로나 팬데믹 동안 온라인 수업을 경험하면서 이런 방법이 가능하다는 사실을 우리는 이미 확인했다.

직업이 개인 신분의 귀천이 아니라는 사회적 공감이 있어야 한다. 특정 대학 출신이 우월적 지위를 독점하는 것을 막아야 한다. 노동의 양이 아니라 일의 종류에 따라 크게 달라지는 임금 체계도 바꾸어야 한다. 직업을 가지면 누구나 중산층의 생활 수준과 교양을 유지하는 교육 기회와 임금이 보장되어야 한다. 여러 가지 지식이 필요하거나 운이 좋게 선점한 직업의 높은 급여와 마찬가지로, 다른 사람이 기피하고 위험한 일에 종사하는 사람들의 희생정신에도 높은 임금으로 보상해야 한다.

민주주의 사회에서 변화를 가장 쉽게 하는 방법은 법을 바꾸는 것이다. 하지만 정치인들은 나설 이유가 없다. 교육 착취의 최대 희생자인 아이들에게 투표권이 없기 때문이다. 중고등학생도 정치인을 뽑을 권리가 있어야 한다. 투표권을 주지 않는 이유는 학생들이 민주적이고 진보한 교육제도로 혁신을 요구할 것이 분명하기 때문이다. 교육제도를 바꿀 힘을 가진 정치인들은 표 없는 일에 자기의 수고를 낭비하지 않는다. 권력을 가지는 데 성공한 정치인은 본능적으로 개혁을 원하지 않는다. 그들을 감싸는 기득권 세력들도 공정한 경쟁을 통해 자신들의 우월적 지위를 나누려 하지 않는다. 그리고 미래의 유권자가 개인의 이상을 실현하며 살기보다 권력자들을 지원하는 대중의 일원으로 남기를 바라기 때문이다. 민주 선거 제도는 노인의 나이에 투표 제한을 두지 않는다. 정신적으로 이상이 있는 사람이나 극악무도한 범죄자들조차 자유투표를 보장한다. 청소년에게 투표권을 주지 않는 것은, 20세기 전반기까지 여성이나 흑인에게 투표권을 주지 않았던 미개한 선입견과 같다. 어떤 역사 기록과 생물학적 연구 결과에도 나이가 이성적 판단의 절대적 조건이란 증거는 없다. 다수가 그들의 공동이익을 위해 결합한다면 소수의 권리는 위태로워진다. 청소년들에게 투표권이 있다면 당선이 절대 목표인 정치인들은 백만이 넘는 표를 자기편으로 끌어들이기 위해 적극적으로 방법을 찾을 것이다. 학생들의 고통에 공감하는 척하며 교육개혁에 목소리를 높일 것이다.

플랫폼의 착취

상품과 서비스를 거래하는 수단을 제공하고, 판매자와 구매자 사이에서 거래 수수료로 이익을 얻는 장치가 플랫폼의 개념이다. 전통적 플랫폼은 거래 정보와 거래 권리를 독점한 중개인을 의미했다. 디지털 기술 기반 플랫폼은 기존 산업의 거래 방법을 소프트웨어로 만들어 플랫폼의 범위, 속도, 편의성, 효율성을 크게 확대하였다. 서비스 초기에는 비용을 거의 요구하지 않거나 무료로 사용하도록 손실을 감수하다가, 거래 수단을 독점하여 소비자와 공급자를 플랫폼에 가두는 데(Lock in) 성공하면 급속하게 착취의 도구로 돌변한다. 서비스 성장 과정에서 발생한 손실을 메우고 기하급수적 수익을 취한다. 플랫폼의 창안자는 산업을 혁신했다는 찬사를 얻는다. 플랫폼 운영 직원들은 높은 연봉과 스톡옵션, 좋은 근무 여건과 풍부한 복지를 누린다. 하지만 플랫폼을 기반으로 노동력을 제공하는 긱이코노미 노동자는 착취의 대상이 된다. 노동력의 상당 부분을 수수료로 지불하고, 노동에 필요한 도구를 구매해야 한다. 사고와 손실의 위험은 플랫폼이 책임지지 않는다. 플랫폼에 고용되어 일하고 수수료를 지불함에도 법적으로 자영업

착취 경제

자로 분류되어 노동자로서 보호받아야 할 권리를 잃어버린다. 자영업자는 아파도 일해야 하고, 실직과 부상 등에 대비 수단도 마땅하지 않다. 고용된 것도 아니고 실업도 아닌 모호한 상태의 플랫폼 근로자가 늘어난다. 플랫폼은 저렴하고, 불안정하고, 위험한 반실업 상태의 일자리만 양산하였다. 판매의 효율을 높이고 서비스를 공유하면서 재물의 효용 가치를 끌어올린다는 선한 목적을 강조하지만, 실상은 수요자와 공급자 사이에 끼어들어 양쪽 모두를 착취의 그물에 가두어 도망가지 못하도록 시스템을 정교하게 만드는 것이 플랫폼의 목적이다. 업계의 빅 원이 되면 경쟁자의 진입을 막고 모든 것을 독식하는 무자비한 전략을 펼친다.

디지털 기술 기반 사회에서 생산자와 최종 소비자 사이의 거래에는 다양한 방식으로 플랫폼이 끼어들어 있다. 성공한 플랫폼은 반드시 착취 시스템으로 작동한다.

우버는 운행하지 않는 차량을 공유하여 서비스 제공자의 이익과 사용자의 편의를 제공하고 새로운 부가가치를 창출한다는 취지였지만, 자신이 평소에 타던 차량을 우버 영업에 활용하는 운전자는 드물다. 대개는 우버 영업을 위해 새로 구입한 차를 택시 기사처럼 운행한다. 차를 사고 운영하는 모든 자금은 우버 기사의 몫이다. 운영 중 사고나 문제의 해결 의무도 모두 우버 기사의 책임이다. 택시가 필요한 사람과 손님을 찾는 사람의 정보만 중개하는 플랫폼은 아무런 위험과 책임 없이 열악한 택시 운전기사 노동 수익의 많은 부분을 수수료로 착취한다.

에어비앤비는 자기가 사는 집의 빈방을 빌려주어 수익을 얻게 한다는 개념이었지만, 운영자의 대부분은 임대를 목적으로 집을 매입하거나 임차하여 플랫폼에 가입한다. 손님을 상대하고, 숙소를 관리하고, 평판을 좋게 유지하는 모든 의무는 운영자 몫이다. 플랫폼은 수요와 공급 정보만 중개하면서 운영자의 순이익보다 더 많은 수수료를 챙긴다. 플랫폼은 세계적인 호텔체인보다 높은 시장가치를 가지지만, 숙소의 실제 운영자는 수입이 불안정한 자영업자로 남는다.

배달 중개 플랫폼은 먹고 싶은 사람과 팔고 싶은 사람의 정보를 하나의 플랫폼에 모아 두는 것만으로 전화 주문 배달의 저렴한 서비스 방식의 이익을 빼앗는다. 공급자는 동네 자영업자들이다. 중개자는 오토바이를 운전하는 배달 기사다. 거래에서 발생하는 모든 위험은 자영업자와 배달 기사가 감당한다. 소비자는 전화 주문에서 부담하지 않아도 되었던 배달 비용을 지불하게 되었다. 플랫폼은 공급자와 소비자에게 어떤 부가가치도 창출하지 않았다. 플랫폼의 창업자는 한동안 대한민국 디지털 혁신의 선도자로 영웅 대접을 받았다. 지금은 해외 사업자에게 성공적으로 사업을 매각하여 안락한 부자가 되었다. 사업을 인수한 자는 플랫폼에 록 인(Lock in) 된 자영업자를 쥐어짜 수익성을 높이는 약탈적 기술들을 시도하고 있다.

플랫폼 성공의 모든 성과는 플랫폼을 설계하고 사용자를 록 인

착취 경제

하게 하는 데 성공한 창업자와 설계자들 차지다. 성장 전 스타트업에 투자한 금융자본가들도 별다른 노동 없이 막대한 이익을 얻는다. 업계에서는 그들을 엔젤 투자자라 부른다. 플랫폼에 묶인 생산자와 소비자 그리고 긱이코노미 노동자들은 어떤 이익을 보는가? 위험하고, 불안정하며, 저렴한 일자리만 양산한다. 천사는 플랫폼에게만 행복을 주고, 노동자에게는 영혼을 빼앗는 악마로 변신한다.

IT 기술 발전 이전 전통적 플랫폼의 대표적 형태는 프랜차이즈다. 자영업의 시작과 운영의 불확실성을 줄이기 위해 표준화된 메뉴와 서비스를 공동으로 마케팅하는 선한 목적을 강조하였지만, 현실은 선하게 굴러가지 않는다. 프랜차이즈에 묶인 자영업자는 사업 운영 각 단계에서 착취의 과정을 감당해야 한다. 인테리어 공사와 운영 장비를 지정한 곳에서 정해진 가격으로 구매할 의무가 있다. 본사에서 공급하는 재료만 사용할 것을 강요당한다. 수익과 손실에 상관없이 매출 수수료를 떼어 간다. 자본 투자의 위험과 노동력 제공의 수익 대부분은 프랜차이즈 본사가 가져간다. 더 많은 자본과 더 긴 노동을 투자하여 가맹점의 매출이 높아지면 프랜차이즈 본사의 수익은 더 늘어난다. 최근에는 배달 서비스가 또 다른 장벽을 만들어 소비자와 공급자에게 추가 지출을 강요한다. 좋은 프랜차이즈 사업 아이디어가 있는 사람이 직접 자본을 투자하여 점포를 열고, 운영할 사람을 직접 고용하여 성과에 따라 수익을 나누는 것이 정의로운 방법 아닌가? 그들이 가맹점을 모집할 때처럼 그토록 좋은 사업이라면 가맹점이 수익이 나지 않았을 때, 본사가 손실을 보상하는 의무가 있어야 정의로운 사업 아닌가! 최근에 또 하나의 프랜차이즈 성공 스토리를 가진 본사의 상장이 미디어의 화제가 되고 있다. 창업자는 연예인과 결혼을 계기로 방송 출연 기회가 있었고, 막대한 홍보 효과를 누렸다. 방송은 그의 선한 영향력을 비판 없이 홍보해 주었다. 회사는 다양한 브랜드를 만들어 규모를 키웠고, 마침내 주식 상장에 성공했다. 하지만 성장의 열매는 본사 수익의 원천이자 매출의 전부를 제공하는 가맹점주에게는 한 푼도 가지 않는다. 너무나 약탈적인 사업 방식이다. 그러나 합법이다. 그는 앞으로도 성공한 사업가이자 선한 영향력을 발휘하는 사람으로 계속 미디어에서 활동할 것이다. 점점 더 많은 사람들이 미디어에 노출된 그의 이미지를 믿고 자신의 재산과 노동력을 바칠 것이다.

프랜차이즈가 우리나라 노동시장을 왜곡하는 원인이 되기도 한다. 봉급생활자가 여러 가지 자발적 혹은 비자발적 이유로 근로 의욕을 상실하여 실업과 퇴사의 갈등 상태에 있을 때, 그는 다른 직장을 찾는 것이 최우선이 아니라 지긋지긋한 봉급생활자를 그만두고 사업에 도전할 방안을 모색한다. 프랜차이즈 설명회에 참석하여 과장된 성공 사례를 들으며 사업가로서 성공을 꿈꾼다. 건강 수명에 비해 이른 정년퇴직자들의 선택도 이와 다르지 않다. 자영업과 사업은 분명히 다르다. 다른 이가 만든 사업 시스템에

착취 경제

자신의 자산과 노동력을 투입하는 방법으로 확대 가능한 부가가치를 창출하는 것은 거의 불가능하다. 프랜차이즈 시스템은 소규모 자영업자를 양산하는 원인이다. 그들 대부분은 삶의 모든 것을 바친 것만큼 수익과 보람을 얻지 못한다.

좋은 사업 모델이란 다른 이의 투자와 노동력을 이용하여 위험을 전가하고 나의 수익을 극대화하는 아이디어다. 자본주의는 이런 것이다.

우리나라 건설공사는 종합건설사가 공사를 낙찰받으면 분야별로 전문건설사에 하도급하여 공사를 진행한다. 일반적으로 국가기관인 발주처의 공사가격 낙찰율이 70~80%, 종합건설사의 하도급율이 또 70~80%로 형성된다. 결과적으로 전문건설사는 최초 설계 가격의 평균 50~70% 비용으로 공사를 수행한다. 설계를 통해 적정한 공사비를 산정하는 일이 무의미해진다. 수익 없는 공사에서 품질과 안전은 요행에 맡기는 수밖에 없다. 안전사고 방지와 품질 유지가 헛구호에 그치고, 건설공사 사고가 빈번하게 발생하는 이유다. 대형 종합건설사는 공사를 수주했다는 사실 때문에 삽질 한번 하지 않고 수익을 챙긴다. 공사의 품질과 안전을 높이는 기술 개발보다 공사 수주 영업에 회사의 역량을 집중한다. 마찬가지로 전문건설사도 더 낮은 가격에 공사를 수행할 더 작은 회사를 찾아 재하도급을 주고, 확정된 이익을 남기는 것이 직접 공사를 수행하는 것보다 유리하다. 현장에서 직접 공사를 수행하는 기술자와 기능공보다 공사를 관리하고 관리자를 감시하는 일에 종사하는 사람들이 훨씬 많다. 관리자와 감시자에 우수한 인력들이 몰리고, 현장 기술자와 기능공은 기피 직업이 된다. 관리 조직의 규모는 커지고 권한은 강해지지만 기술자는 존중받지 못하니 고급 인력이 진입하지 않는다. 산업 구조가 역피라미드 형태로 변하여 아래부터 무너진다.

  자동차 산업의 공급사슬을 살펴보면 제조업의 착취 구조 심각성이 명확하게 보인다. 작은 부품들을 조합하여 자동차의 기능을 구현하는 장치를 만들고, 이를 최종적으로 조립하여 자동차를 완성한다. 대개는 자신들이 만드는 부품의 크기와 회사의 규모가 비슷하다. 이러한 구조는 하위 공급자의 매출과 수익이 상위 공급자의 수요에 록 인 될 수밖에 없다. 최상위 완성차 회사는 공급사슬 전체의 생사를 결정할 권한이 생긴다. 상위 공급자가 공급 가격을 결정할 권리를 가짐으로써 회사의 수익은 하위로 갈수록 작아진다. 심각한 문제는 노동자들도 자신이 속한 회사의 착취 사슬 위치에 따라 계급화된다는 것이다. 자동차 노동조합의 과격하고 독선적인 투쟁은 그들만의 권리를 지키는 데 매번 성공하지만, 노동자 권익 활동의 이미지를 손상하여 전체 노동자의 권리를 오히려 악화시키는 결과를 낳는다. 진정으로 그들이 쟁취하려는 정의를 이루고자 한다면 비록 자신들의 이익을 조금씩 나누더라도 최소한 자동차 산업 전체 공급사슬에서 일하는 모든 노동자들의 권리

　　　　　　　　　　　　　　　　　　　　　　　　　착취 경제

확보를 위해 함께 투쟁해야 한다.

  매년 농산물 가격 파동이 반복된다. 국가가 농산물 유통을 위해 설립한 양재동 농수산물 시장에서 돈 버는 사람은 농민이 아니라 대량 유통의 권한을 가진 중개인들이다. 우리가 집 앞 가게에서 지불하는 농산물 가격의 일부만 농민들에게 돌아간다. 가격 파동이 생겨 품귀가 발생하면 대부분 수익은 유통업자가 가지고, 가격이 폭락해 운반비도 나오지 않으면 농민들은 한 해 농사를 포기하고 밭을 갈아엎는다. 국가는 농민들의 피땀을 유통업자가 착취하지 않도록 막지 않고, 오히려 그들에게 독점 유통 권한을 보장한다. 우리나라 농업 종사자는 60대 이상인 노인이 대부분이다. 허리 굽은 노인들이 생산한 농산물의 착취를 금지해야 한다. 청년들이 농업도 도전할 만한 희망이 있는 직업이라고 판단하도록 만들어야 한다. 방법은 간단하다. 유통업자가 아니고 생산자가 기업화되도록 산업 생태계를 바꾸어야 한다. 개인이 설립하여 성공한 농업 생산 기업은 찾아보기 어렵지만, 대규모 농산물 유통기업은 흔한 이유는 분명하다. 유통 과정에 부가가치가 크고, 생산 부분에서는 그렇지 않기 때문이다. 우리나라는 농협이라는 조직이 있다. 왜 농협은 유통업자를 대신하여 직접 농수산물 유통을 책임지지 않는가? 국가가 설립한 농협은 이윤이 필요 없다. 직접 유통하면서 발생하는 모든 이익이 농민에게 돌아가게 만들어야 한다. 전 세계 농축수산물 생산과 유통 비중은 선진국일수록 크다. 농업을 대규모 기업화하여 부가가치를 높이는 데 성공했기 때문이다. 그들은 식량을 자급하고 글로벌 식량 공급과 가격을 통제한다. 국제분쟁이나 경제 위기 상황에서는 식량이 무기가 되기도 한다.

우리나라 택시회사는 차량을 보유하고(정확하게는 할부나 리스로 임대하고) 운전기사를 채용하여 운행한 후, 운행일마다 일정한 금액의 사납금을 부담하게 한다. 최소의 기본급과 사납금 초과액에 대한 성과급 개념으로 월급을 책정한다. 통계에 의하면 택시기사의 평균 월급이 200만 원도 되지 않는다. 채용한 노동자에게 일정한 월급을 지급하지 않고 일한 만큼 돈을 주는 전근대적인 착취 제도가 합법적으로 운영되고 있다. 회사만큼 저렴하게 택시를 리스해 주고, 저마다 운행하는 시간과 수입에 따라 수익을 모두 가져가면 되지 않을까. 굳이 개인택시라는 장벽을 만들어 택시회사가 착취하는 시스템을 유지할 이유가 없다. 사람을 태워 주고 돈을 받는 일을 하겠다는 누구나 저마다 서비스와 특성에 맞도록 운임을 결정하고, 자신의 아이디어대로 운영하여 산업의 혁신을 유도해야 한다. 노동자를 착취하여 사업주의 배만 불리는 합법적 착취 상태를 그대로 두면 안 된다. 택시회사는 만성적 적자로 어렵다고 한다. 정부는 보조금을 지급하고 택시 요금을 올린다. 운전기사는 보조받지 못한다. 오히려 비싼 요금에 손님이 줄고 사납금이 높아진다. 택시회사가 어려우면 택시기사에게 보조금이 지급되어야 정의로운 정책이다. 개인이 자유롭게 운영하는 개인택시는 자본의 투자와 한정된 면허를 취득해야 영업이 가능한 장벽이 있다. 최근에는 택시를 부르는 앱이 대중화되어 길에서 손을 들면 태워 주던 때는 필요 없었던 승객 호객 수수료를 플랫폼 회사에 착취당한다. 현장에서 노동하는 운전기사들은 회사와 플랫폼에게 이중으로 착취당한다. 돈은 택시회사와 승객 중계 플랫폼에서 가장 많이 벌어들인다. 최근 우버와 카카오 택시 도입을 시도하던 정부는 택시업계의 강력한 반발로 정책을 중단했다. 택시기사들은 자신들의 적은 월급마저 지키지 못할까 두려웠다. 사실 우버와 카카오 택시의 수수료도 사납금 못지않게 책정될 것이다. 노동자는 언제나 착취의 늪에서 벗어나지 못한다.

우리나라 화물차 운전자는 자영업자가 대부분이다. 본인이 직접 고가의 차량을 구매하고 모든 유지관리비를 부담한다. 화물 운송 정보를 얻기 위해 플랫폼에 가입한다. 플랫폼은 화물 정보를 제공하는 조건으로 평균 30%의 수수료를 받는다. 하루 20시간 가까운 장거리 운전의 노동력과 운영 과정에서 발생하는 모든 비용은 운전자의 몫이다. 불경기가 닥쳐 운송할 화물이 줄어들면 플랫폼은 수입이 줄어드는 데 그치지만, 운전기사가 부담해야 하는 고정 비용은 그대로 남는다.

물류를 장악하여 상품 판매를 독점하겠다는 전략으로 성공한 아마존의 배달 기사는 정규 채용 직원이 아니다. 사회 보장과 직업 안정성을 보장받지 못한다. 차량을 본인이 구매하여 운영경비도 부담해야 한다. 전통적인 배송업체 페덱스는 평균적으로 아마존보다 더 높은 급여를 받는다. 회사에 소속된 노동자로서 보호받으며, 차량은 회사에서 제공한다. 세계에서 가장 많은 항공기를 보유한 페덱스는 조종사에게 항공기를 구매해서 일하라고 요구하지 않는다.

마트라고 부르는 거대 오프라인 유통회사는 자사 브랜드를 만들거나 브랜드 없는 것이 브랜드인 제품을 유통한다. 이런 방식으로 유통하는 제품들은 그들이 직접 공장을 세우고 생산 효율을 높여 저렴하게 제조하여 공급하는 상품들이 아니다. 일반 제조자들에게 자사 브랜드를 붙여 납품을 요구한다. 유통회사 우위 시장에서 공급자는 많으므로 경쟁을 붙여 마음껏 저렴한 공급자를 선정할 수 있다. 언제든지 더 낮은 가격에 공급 가능한 제조사로 납품업자를 바꿀 수 있다. 저렴하지만 매출이 높아지면 유통회사는 더 많은 이익을 얻지만, 그만큼 납품회사는 손실을 감수해야 한다.

상품을 직접 구매하여 판매한다는 온라인 유통회사도 있다. 직접 구매가 구매 후 바로 대금 지급이라는 의미는 아니다. 배송의 신속성을 위한 것이다. 외상으로 재고를 미리 창고에 가지고 있다가 제품이 팔리면 수수료 공제 후 대금을 지급하는 방식이다. 저렴한 가격을 유지하기 위해 공급자를 착취하고 신속한 배송 시스템을 유지하기 위해 막대한 투자를 한다. 소비자를 배송 시스템에

착취 경제

록 인 했다고 판단되면 그들은 돌변할 것이다. 더 낮은 가격에 제품을 공급하라고 제조자를 협박하고, 편리한 구매를 원한다면 돈을 더 지불하라고 소비자에게 요구할 것이 분명하다.

의약 분업 정책은 의사의 강력한 저항에도 불구하고 국민 복지를 위해 성공하였다. 하지만 의사는 다른 방법으로 착취 체인을 작동한다. 전문 지식을 독립적으로 서비스하라는 정책 취지와는 달리, 의사의 처방이 약국의 존폐를 좌우하는 카르텔을 만들었다. 약국은 같은 건물이나 가까운 위치의 병원 처방에 따라 매출이 결정된다. 결과적으로 약국의 매출이 의사의 처방에 달려 있다. 주변에 여러 약국이 있다면 어느 약국에서 약을 구매하라고 환자에게 권유도 가능하다. 처방을 얻어 내기 위해 새로 입주하는 병원의 인테리어 비용을 약국에서 부담하거나, 매월 처방전 발행에 따른 수수료 형식으로 돈을 병원에 상납한다는 신문 기사가 있었다. 소규모 자영업자와 비교하여 절박함의 정도에 차이는 있겠지만, 돈을 많이 버는 전문직 사이에도 우리 사회 전체에 만연하는 착취 시스템이 가동하고 있다.

유튜브, 넷플릭스, 구글, 페이스북, 인스타그램 등의 추천 알고리즘은 사용자의 성향에 알맞는 정보를 필터링하여 제공한다. 그들의 최첨단 기술이라 자랑하지만, 정보의 선택적 게시는 사용자가 다양한 시각을 접할 기회를 차단하는 결과를 낳는다. 알고리즘은 인간의 성향을 편협하고 극단적인 자기합리화로 유도한다. 필터링된 정보만을 일관되게 받음으로써 확증편향을 강화하고, 다른 의견을 가진 인간을 용납하지 못하고, 다른 상황에 놓인 집단을 이해하지 못한다. 개인의 확정된 신념과 가치관은 바꾸기 어렵다. 추천 알고리즘은 개인의 정신과 가치관을 착취한다. 집단 사이 가치관의 극단적 대립은 위험하다. 신념의 충돌은 상대를 적대시하고, 누군가 효율적으로 선동하면 폭력으로 표출된다. SNS에 몰입한 사람은 일방적 정보의 색안경을 끼고 세상을 판단한다. IT 회사들은 클릭 중독을 유도하는 알고리즘을 만들기 위해 세계 최고의 천재들을 모은다. 그리고 그들의 자식들은 IT 기기에서 떨어져 키우고 있다며 현자인 척 자랑한다.

인터넷에 정보가 집중되어 있고 포털을 통해 정보를 찾아보는 형태가 일상이 되었다. 특정 포털의 추천 알고리즘이 문제가 되고 있다. 그들은 이익이 최고 목표인 사람들의 집단이다. 그들이 결정하는 선이 시민 대중의 이익에 부합하지 않을 가능성이 크다. 자신들의 이익을 위해서라면 사회의 선을 의도적으로 외면할 가능성이 있다. 그들의 이익에 부합하는 특정 집단을 대변한다는 의심을 거둘 수 없다.

유튜브가 개인 사상의 극단화를 가장 영향력 있게 가속화시킨다. 유튜버가 돈벌이 수단이 되기 때문에 '구독'과 '좋아요'를 유도하는 자극적 콘텐츠를 생산한다. 폭력과 퇴폐적 방법은 위험하긴 하지만, 그 취향을 가진 각각의 개인에게만 영향을 미치는 데 그

착취 경제

친다. 정치 사상의 편향을 유도하여 이익 수단으로 이용하는 유튜버가 특히 우려된다. 그들은 자신의 콘텐츠에 사람들을 중독시키기 위해 편향된 시각의 사례를 확대 해석하여 우리 사회를 극단적인 사상적 양극화로 유도한다. 경제적 양극화는 쉽게 집단적으로 표출되지 못하지만, 정치적 양극화는 그것을 정치인이 이용하기 때문에 집단의 충돌로 이어지기 쉽다. 민주주의에서 선거는 주기적으로 반복된다. 그때마다 일개 유튜버가 주장하는 사상에 록인 된 사람들은 반대 정치 성향을 가진 사람을 불구대천의 원수로 여기며 폭력적 행위를 서슴지 않는다.

플랫폼이 뉴스를 독점하고 있다. 클릭의 유도가 목표인 그들은 진실보다 극단적인 뉴스에 더 큰 관심과 호응을 보인다는 사실을 데이터로 알고 있다. 사람들은 자유와 평등의 최우선 가치 앞에서 무엇이 선이고, 어느 쪽이 악인지 판단이 불가능해지게 되었다. 전 세계의 정치 권력 경쟁에서 모두를 아우르는 중도가 사라지고, 선거는 극우와 극좌의 대결로 극단화되고 있다. 미국과 우리나라는 극우 대통령이 선출되었다. 그는 대중의 안녕보다 자신을 지지하는 집단의 극단적 요구를 받아들인다. 정치는 언제나 갈등을 폭력적으로 표출한다. 가장 무서운 일은 플랫폼이 여론을 조정하는 상황에서 정치인은 앞으로도 중도가 자신에게 권력을 가져다주지 못한다는 사실을 알고 있다는 것이다. 좌우 극단주의의 이용이 자신의 지지를 확고하게 만든다고 판단한다.

IT 기술 발달로 확장하는 플랫폼이 인류사회의 착취화를 가속
한다. 산업을 혁신했다는 기업들은 자신들의 기술을 편리하고 지
속적인 착취의 도구로 만드는 일에 몰두한다. 그 과정 속에 사람
들의 평화로운 공존과 인류가 꿈꾸는 이상향에 대한 고민을 집어
넣을 방법이 현재로서는 없다.

인류의 미래가 위험하다.

사업가와 자영업자

　상품을 생산하거나 서비스를 제공하기 위해 자신의 노동력을 투입하여 이익을 얻는 경제 활동이 자영업(Self Employer)이라면, 사업(Business)은 생산과 서비스 시스템을 설립하고 인력을 채용하여 임금을 지급한 후 발생하는 부가가치로 수익을 창출하는 방법이다. 자영업은 이익을 얻기 위해 나의 육체적 지적 노동력을 직접 생산에 투입하고, 사업은 유무형의 시스템 운영에 나의 능력을 발휘한다. 자영업은 내가 대체 불가능한 자원이며, 사업은 시스템이 나를 대신한다. 자영업과 사업이 규모의 크고 작음으로만 구분된다고 오해하면 안 된다. 부가가치 창출 가능 여부와 확장의 용이성을 비교하면 두 개념의 차이가 명확해진다. 내가 투입한 노동량보다 더 많은 부가가치가 발생하지 않는 수익 수단은 자영업이다. 내가 가진 기술과 서비스 혹은 임금노동자로 구성된 조직이 나를 위해 부가가치를 창출한다면 사업이다. 내가 벌어들이는 시간당 수입과 관련 없이 내가 노동을 중단하는 순간부터 나의 수익 창출 시스템이 중단된다면 자영업이다. 나의 직접 노동력 투입을 멈추더라도 일정 시간 생산 활동이 가동하는 상태라면 사업을 운영하는 것이 맞다. 자영업은 본인의 시간과 체력 한계 내에서 투입한 노동의 양에 따라 수익이 발생한다. 개인의 능력에 따라 수입의 차이는 있지만, 시간은 누구에게나 똑같이 주어지고 혼자 발휘하는 특별한 능력의 한계는 분명하다.

자영업과 사업의 이해가 필요한 이유는 자영업자가 주로 사업가의 착취 대상이 되기 때문이다. 임금노동자의 삶에서 벗어나 스스로 사업을 해 보겠다고 결심했다면, 내 노동력 외에 발생하는 부가가치 규모를 계산하여 실행 여부를 고민해야 한다. 치킨집과 편의점과 아이스크림 할인점처럼 기술과 아이디어 없이 창업할 수 있는 자영업에 투자하고, 막연한 희망에만 기대어 운영하면 안 된다. 착취를 이겨 내고 자신이 피착취자가 되기를 소망하지만, 대부분은 자신과 가족의 행복을 잃고 착취의 굴레에서 고통받다 실패한다. 타의에 의해 봉급 생활자에서 퇴직했다면, 치킨집이나 편의점을 창업할 것이 아니라 치킨집과 편의점의 직원으로 취직하는 것이 옳은 선택이다. 월 200만 원의 최저 임금만 받아도 수억 원 자산가의 이자소득과 같은 수입을 얻는다. 임금 노동은 자신의 자산 투자가 필요 없다. 온 가족의 노동력을 투입하지 않아도 되고 실패의 위험도 없다. 노동자의 권리가 강화된 최근에는 작은 공장과 건설 현장이라도 노동 시간과 휴식 시간을 지키고 최소한의 복지는 누릴 수 있다. 인력이 부족한 업종은 인건비도 많이 올랐다. 대단한 기술이 없더라도 체력만 있으면 적지 않은 월급을 받을 수 있는 일자리가 많다.

나의 투자금으로 예상되는 금융 수익과 내 인건비 이상의 이익을 얻지 못한다면 자영업은 부가가치를 생산하는 것이 아니라 투자금이 감가상각 하면서 나의 소중한 자산이 점점 고갈되는 결과를 가져온다. 운 좋은 몇몇 가게를 제외하면 대부분 소규모 자영업 운영자들은 그들의 노동력을 사업가에게 월급을 받고 제공하는 경우보다 적은 수입을 얻는다. 가족의 노동력이 함께 투입되고 있다면 계산은 더 비관적이다. 임대료와 이자와 운영 적자로 소멸하는 투자금으로 차라리 자신에게 스스로 월급을 지급하거나 투자 없이 저임금 노동에 종사하는 것이 합리적인 결정이다. 멋진 대기업 근무가 아니더라도 작은 중소기업 생산직을 구해 일하면 자영업을 운영할 때보다 삶의 질을 훨씬 높일 수 있다. '내게도 행운이 올 것이다. 월급쟁이보다는 낫겠지!'라는 막연한 기대가 자영업을 시작하는 이유가 되면 안 된다.

자영업의 실제적인 고통은 또 있다. 대부분의 자영업 종사자는 일반 직장인들이 쉬는 시간에 집중적으로 일을 하게 된다는 사실이다. 큰 문제가 아닌 듯 보이지만, 가족과 라이프사이클이 단절되고. 정기적이고 계획적인 휴식을 취할 수 없다. 일상이 모두 가게에 묶이게 된다. 운영이 잘되면 노동 강도가 커지고, 그렇지 않으면 투자금과 노동력이 허무하게 소모된다. 삶은 피폐해진다. 이래저래 자영업 운영자의 행복 수준은 높아지기 힘들다.

내가 사는 신도시 아파트 단지 사거리에는 네 곳의 건널목 앞마다 브랜드가 다른 편의점이 있다. 장년의 주인들은 편의점을 열기 위해 어지간한 대기업 퇴직금을 모두 투자해도 모자랐을 것이다. 거의 24시간 영업하는 가게는 주인이 견딜 수 있는 최대 시간을 일하고 최소한의 아르바이트를 고용하여 영업한다. 나는 산책길 공원 입구에 있는 편의점을 자주 이용한다. 손님이 가게에 들어가면 문에 달린 벨 소리에 50대 여주인이 깜짝 놀라며 계산대 뒤의 간이침대에서 일어난다. 늘 졸리고 지친 표정이다. 손님을 반기는 모습은 없다. 모든 것을 포기한 고통의 표정만 남아 있다. 포장이 뜯기지 않는 상품이 가게 통로를 막고 진열을 기다리고 있다. 출입구 양쪽에는 상품 포장에 사용한 쓰레기들이 아무렇게나 쌓여 어수선하다. 여주인 혼자 운영하는 것이 분명하다. 가게를 인수할 사람을 찾고 있겠지만 그녀가 일하는 모습을 보고도 투자를 결정할 어리석은 사람이 나타나기는 쉽지 않을 것이다. 노동력 외에도 금전적 투자가 상당했을 것이다. 충분한 양도금을 받지 못하면 그녀가 겪은 고통은 삶에 큰 트라우마가 될 것이다. 최근 가게가 다른 유기농 식료품 상점으로 바뀌었다. 그녀의 지친 표정이 떠올랐다. 가게를 그만두었지만, 그녀의 고통은 끝나지 않았다. 갚아야 할 빚과 오랜 노동으로 망가진 건강이 그녀의 삶을 짓누르고 있을 것이다. 급격하게 늘고 있는 우리나라 편의점 자영업자 대부분이 이와 크게 다르지 않을 것이다.

지하철 출입구와 마주한 김밥집 앞에 손님 여러 명이 자신의 차례가 되기를 기다린다. 가게 유리 안에는 아주머니 한 분이 쉬지 않고 김밥을 만들고 있다. 항상 손님들이 줄 서 있는 김밥 가게의 부가가치를 계산해 본 일이 있는가? 김밥을 생산하는 대로 모두 팔린다고 가정하고 아주머니의 시간당 김밥 생산성을 계산하면 대략 최대 매출을 가늠할 수 있다. 인건비와 재료비, 공과금을 공제하고 유동 인구 많은 건물 1층의 임대료를 고려하면 아주머니의 끊임없는 노동과 손님이 줄 서 있는 모습과 다르게 큰 수익을 내기는 힘들다. 떡볶이와 튀김을 만드느라 하루 종일 쉼 없이 일하는 김밥집 주인은 늘 의문을 가질 것이다. '왜 손님은 줄을 서 있는데! 한 달 운영하고 나면 수익이 없지?' 돈 버는 사람은 김밥 가게 주인이 아니라 지하철 출입구 바로 앞에 가게를 가지고 있는 건물 주인과 재료를 공급하는 김밥 프랜차이즈 본사다. 김밥집에서 일하는 가족은 장시간 노동과 일상의 행복을 포기한 대가를 금전적 수익으로 보상받기 어렵다.

신도시 경계의 사거리 건물 2층에 무한 리필 고깃집이 새로 개업했다. 좋은 품질의 음식을 저렴하게 판매한다는 모순적인 홍보 문장이 눈에 띈다. 나는 방문해 보지 않았지만, 나의 대학생 아들은 음식이 나쁘지 않다고 했다. 김밥 가게와 마찬가지 개념의 수익성을 검토해 본다. '1인분 12,900원' 점심, 저녁 식사 소요 시간을 고려하면 대충의 하루 최대 매출이 나온다. 재료비, 인건비, 임대료, 관리비 그리고 설비와 인테리어 감가상각을 비용으로 합산하면 대략의 수익을 산정할 수 있다. 손님이 언제나 테이블을 채우고 있다는 가정하에서도 가게 주인이 건물주가 되는 꿈을 이룰 수 있는 수익은 애초에 불가능하다. 영업이 잘되면 자신의 인건비 정도의 이익을 얻을 수 있을 것이다. 우후죽순 늘어나는 비슷한 종류의 박리다매 고깃집 유행은 얼마 가지 않아 시들해질 것이다. 그때까지 투자금과 고생한 보람으로 얻은 이익을 저축하고 있을까? '장사가 안되면 폐업하면 되지' 하고 자신의 판단 잘못을 위안하겠지만, 자영업은 폐업할 때 가장 큰 손실이 난다. 가게를 매물로 내놓으면 선뜻 인수자가 나타나지 않는다. 매출이 줄어 가게를 그만두는 것이니 매수자가 나타날 때까지 적자를 계속 메워야 한다. 남아 있는 계약 기간 동안 임대료는 계속 부담해야 한다. 설비의 감가상각을 상계할 만큼 수익은 없었고, 가게를 시작할 때 빌린 은행 빚은 여전히 남아 있다. 불경기에 인수자가 없으면 법적 보호가 되지 않는 권리금은 허공으로 날아간다.

돼지갈비 고깃집 건물 1층의 한동안 비어 있던 가게에 얼마 전 아메리카노 커피를 1유로에 판매한다는 커피숍이 새로 영업을 시작했다. 단가 1,500원 커피를 팔아 사거리 코너 건물 1층의 임대료를 감당하고도 수익을 내겠다고? 이런 어처구니없는 일을 시도하는 것이 자영업이다.

진료 과목을 달리하는 병원들이 동네 상가 건물마다 운영되고 있다. 병원이 있는 건물에는 빠짐없이 두세 개의 약국이 딸려 있다. 우리나라 의사는 수능 시험 전국 3천 등 이내의 수재 중의 수재였고, 약사는 3천 등 안에 아깝게 들지 못해 약대를 선택한 수재들이었다. 부의 척도가 개인 시간의 자유도라는 관점에서 가장 가성비 낮은 자영업이 병원과 약국이다. 타고난 좋은 두뇌로 어렵게 익힌 지식은 하루 종일 병원에 갇혀 비슷한 질병의 환자를 같은 처방으로 진찰하거나 좁은 조제실에 갇혀 약을 만드는 단순노동에 투입된다. 아래층 편의점이나 미장원 주인보다 수입은 높겠지만, 병원과 약국은 의사와 약사의 노동력이 없으면 가동되지 않는다. 그들이 일하는 모습을 지켜보면 노동 강도가 상당히 높다. 타고난 지능이 비범한 그들이 비즈니스 아이디어를 개발하여 실행했다면 평범한 일반인보다 훨씬 높은 확률로 성공했을 것이다. 자기 노동력 외에 더 큰 부가가치를 기하급수적으로 생산하는 사업을 성공시키는 것이 자신의 좋은 두뇌를 가장 가성비 높게 이용하는 것이 아닐까! 병든 자에 헌신하는 의사의 사명은 훌륭하다. 하지만 대부분 뛰어난 학생들의 속내는 돈 벌기 쉬운 직업을 가질 수 있기 때문에 의대를 선택한다. 의사가 돈을 잘 번다지만 동네 병원을 운영해서 부자 되기는 어렵다. 큰 부자는 의약품과 의료 기계를 개발한 사업가들이다. 의사는 본질적으로 자영업이다. 타고난 천재들이 한결같이 의사를 목표로 경쟁하는 국가의 미래는 재앙이다.

  자영업 실패의 가장 큰 원인은 일종의 나르시시즘 때문이다. 거리의 수많은 식당과 술집이 있어서는 안 될 위치이거나 같은 메뉴의 식당이 줄지어 있는 곳에 버젓이 신장 개업을 감행하는 무모한 사람들의 마음은 한결같다. '나는 경쟁자와 다르다. 열심히 일할 것이다. 누구보다 친절하게 손님을 맞을 수 있다. 내 음식 솜씨는 특별하다.' 이런 수많은 나르시시즘이 결국 당신을 실패로 이끈다. 막연한 희망과 자영업을 할 수밖에 없는 개인적 상황이 합쳐지면 당신은 신묘한 자아도취에 빠진다. 확신에 찬 사람을 객관적 설명으로 그 의지의 무모함을 설득하기는 쉽지 않다.

자영업 실패의 또 다른 이유는 비자발적인 창업이 대부분이기 때문이다. 우리나라는 노동자의 대항력이 약하고, 해고되거나 퇴직하면 경력을 이어 재취업할 기회가 쉽게 주어지지 않는다. 본인이 근무했던 곳보다 근무 환경이나 급여가 조금 열악하지만 쉽게 취직할 수 있는 회사보다 창업을 선택하는 이유는 열악한 봉급 노동자 신분에서 탈출하고 싶기 때문이다. 자신을 실패한 조직원으로 여기고 다시 그 상태로 돌아가고 싶어 하지 않는 사람들의 절박함을 노리는 다양한 프랜차이즈 업체가 난립한다. 위험은 개인에게 전가하고 대부분 이익을 본사가 가져가는 착취 시스템에 창업자는 자발적으로 흡수된다. 그들이 선전하는 것처럼 실패하지 않는 좋은 사업이라면 프랜차이즈 본사가 지점을 직접 운영하고, 직원을 직접 고용하는 방법이어야 한다. 하지만 사업가들은 자본주의의 속성을 더 잘 이해한 사람이다. 위험은 전가하고 수익은 착취하는 부가가치 높은 시스템을 만들어 어리석은 사람들을 현혹하는 데 성공한 사람이다.

우리는 취업 이력서를 볼 때 어느 학교에서 무엇을 배웠고, 어디

착취 경제

에서 근무한 경력이 있는지 먼저 살핀다. 성공한 IT 기업이 많은 이스라엘과 실리콘밸리는 자발적 창업을 권장한다. 성공한 사업 선례를 보고 배운 젊은이들은 자신의 젊음과 열정을 바칠 아이디어를 고민하여 창업을 시도한다. 성공하지 못해서 회사에 입사 지원하면 창업 경험을 높이 평가하고 채용한다. 조직에서 심기일전한 사람은 다시 창업에 도전한다.

일부 전문직을 제외한 대부분 자영업은 자신과 가족의 노동력을 투입하고 그만큼 행복을 포기하는 대가로 이익을 얻는 일이다. 착취 경제의 시대에 살면서 삶의 질을 높이려면 자본가가 되어야 한다. 내가 가진 시스템이나 자본이 나를 위해 돈을 벌도록 만드는 것이 목표여야 한다. 내 신체로 행할 수 있는 노동력 외에 발생하는 부가가치 규모와 자유도 정도가 사업의 성공과 실패의 판단 기준이다. 성공은 예기치 못한 우연과 기회 그리고 그것들을 엮어 내는 능력이 얽혀서 만들어진다. 아무것도 도전하지 않는 사람에게 행운은 주어지지 않는다. 생산적 자본이 되는 돈이나 부동산이 없다면 내가 창조한 시스템이 가치를 스스로 생산하도록 만들어야 한다. 현재와 같이 기술이 폭발적으로 개선되는 시대에는 내 아이디어를 사업으로 만들기 쉬워졌다. 자기가 몸담고 있었던 분야를 개선하여 사업화하거나 혁신적인 아이디어를 구상하고 실행할 능력을 길러야 한다.

자신이 구상하는 일이 자영업인지 사업인지 명확히 판단해야 한다. 의사와 변호사는 단순노동을 반복하는 고수익 자영업자일 뿐이다. 수재들의 능력을 낭비하는 일이다. 더 많은 기회를 노려야 한다. 혁신 기술을 개발하거나 활용하는 스타트업을 창업해야 한다. 실패에서 교훈을 얻어 도전을 반복해야 한다. 기술의 발달로 현재의 변화는 매우 역동적이며, 미래는 옛사람들이 느꼈던 속도보다 기하급수적으로 빨리 다가온다. 성공한 기업은 경쟁에서 벗어난 기업이다. 남들이 하는 것을 관찰해서 내가 더 잘하는 방법을 찾는다면 자영업을 벗어나지 못한다. 그들이 하지 않은 일, 생각하지 못한 서비스를 시도해야 한다.

본인이 창안한 아이디어의 우수성을 믿고, 본인의 능력을 신뢰하고, 강한 추진력을 가지는 것도 중요하지만, 사업에 성공하기 위해 첫 번째 가져야 할 각오는 성공하는 그날까지 어떠한 나락의 순간을 맞이하더라도 포기하지 않고 견디면서 다시 일어서겠다는 용기와 각오이다.

자본주의를 오랫동안 올바르게 유지하려면 자본이 착취의 도구로 작동하지 않도록 사회적 합의와 규제가 필요하다. 개인의 사업 목표가 착취자본가가 되는 것이면 안 된다. 내가 사는 사회와 지구적 문제를 해결하는 아이디어를 사업으로 만들고, 사람들을 고용하여 임금을 지급하면서 그들을 교육하고, 경험을 쌓을 기회를 주는 사업가가 되어야 한다.

야수적 탐욕이 자본가가 되는 지름길이라는 인식이 자본주의라면 그곳은 인간사회가 아니라 서로 죽고 죽이는 잔혹한 야생의 생태계가 된다. 자본 축적의 성공이 오로지 자신의 능력 때문이었으며, 수단과 방법을 가리지 않고 부를 확대하고 지키는 것이 자본가의 목적이라는 천박한 가치관이 자본주의를 오염시키지 않도록 우리 사회의 인식을 바꿔야 한다.

PART 2

종교의 착취

신은 존재하는가?

토마스 아퀴나스는 신이 너무나 큰 존재여서 인간의 상상력으로는 파악할 수 없다고 생각했다. 그는 신을 원인과 결과의 논리로 설명한다. 세계는 존재한다. 무에서는 아무것도 나올 수 없다. 따라서 어떤 최초의 작용인이 모든 것을 창조했다.

이마누엘 칸트는 내가 세계에 대해 만들어 내는 모든 상상은 내 머릿속에서만 존재할 뿐이라고 기술했다. 나는 감각의 도움을 경험하고, 내 오성은 이런 경험에서 상상을 만들어 낸다. 내 이성은 내가 이것을 배열하고 평가하도록 도울 뿐이다. 내 감각적 경험 세계 밖에 있는 것에 대해서는 증명할 수 없다.

현대 뇌과학에서 신적 체험은 뇌파의 민감한 반응에 불과하다는 사실을 증명했다. '생각에 의해 만들어진 신'에 불과하다.

지적설계론을 펼치는 창조론 신봉자들이 시도한 다윈의 진화론에 대한 과학적 반박은 실패로 끝났다.

현대 물리학자는 무에서 빅뱅을 통해 우주가 탄생했다는 물리적 증거를 찾았다. 물리적으로 신은 존재하지 않는다. 과학이 세

착취 경제

상 모든 현상의 인과를 밝히지 못하기 때문에, 과학적 해석이 불가능한 현상을 변명하기 위해 종교가 탄생했다는 설명도 있다.

신의 실존을 물리적으로 증명하지 못하지만, 신이 남겼다고 전해지는 말씀은 지난 2천 년 동안 인류 가치관의 중심이 되었다. 신은 우리의 의식 속에 정착했고, 신은 언제나 우리와 함께 있고, 우리는 신을 떠날 수 없다.

종교의 본래 의미는 인간의 영성과 도덕적 가치를 강화하고, 사회적인 연대와 평화를 이루는 데에 있다. 지도자와 성직자는 이러한 가치를 전파하고 모범을 보여 주는 역할을 맡아야 한다. 종교는 사회에 안정과 희망을 제공할 수 있는 도구이며, 이를 잘 활용하면 갈등과 분열을 예방하고 상호 이해와 협력을 촉진할 수 있다. 종교는 존재의 의미, 인간의 역할, 윤리적 가치 등에 관한 질문에 답을 제시하여 사람들이 자기 삶에 대해 깊이 생각하고 행동하도록 도와준다. 인간은 물질적인 삶 이상의 영적인 차원을 갖고 있다. 신앙, 기도, 명상 등은 영적인 성장과 만족감을 얻는 수단이 된다. 종교 공동체는 사람들이 서로를 돌보고, 지지하며, 공동의 가치와 목표를 공유할 수 있는 공간을 제공한다. 이를 통해 사회적인 연대와 소속감을 형성하고, 상호 돕고 협력하는 사회를 구축하는 데에 이바지할 수 있다. 종교는 죽음, 고통, 실패 등 인간의 삶에서 직면하는 어려운 상황에 대한 해답과 안정을 제시한다. 사람들이 어려운 시기를 극복하고 새로운 희망을 품도록 도와준다.

종교는 도덕적인 행동과 긍정적인 가치를 강조하며, 사회적인 정의와 인간적인 관계 형성에 이바지한다. 종교의 윤리적 가르침은 사회적인 질서와 공정성을 유지하는 데 도움을 준다.

하지만 종교가 지난 2천 년과 같이 대중을 착취하는 수단으로 사용되지 않으려면 성직자의 비신앙적인 이기심과 부정한 가식의 필터링을 막아야 한다. 『로마인 이야기』의 저자 시오노 나나미는 종교가 인류에 미친 영향을 다음과 같이 설명했다.

"지난 2000년간 종교의 교화에도 불구하고 인류가 평화의 구원을 받지 못한 이유는 신의 말씀을 전달하는 성직자라는 필터가 신의 뜻을 왜곡하였기 때문이다."

나는 종교에서 말하는 창조주의 존재를 믿지 않는다. 종교적 감응 없이 성경을 처음부터 끝까지 읽어 보면 사건과 행위를 묘사하는 글의 완성도가 낮고, 인과의 개연성에 설득력이 부족하여 과거의 역사가 아니라 사람들이 지어낸 신화로 느껴진다. 추상과 은유의 남발 속에서 의미 전달의 핵심을 따라가기 어렵다. 신이 행한 드라마가 실재했다는 믿음은 강요에 가깝다. 성경의 서사는 비종교인이나 무신론자가 수긍하기 쉽지 않다. 나는 성경을 읽으면서 그리스도가 전하려는 가치의 본질은 이해하였지만, 그의 탄생과 죽음과 부활의 실재는 믿기 어려웠다. 그가 행한 기적과 희생에서 영적 감동은 체감하지 못했다. 맥락 없는 잡문과 불명확한 메시지의 서간에 불과했다. 종교에서 말하는 창조주와 메시아는 존재하지 않았으며, 앞으로도 나타날 가능성이 없다는 결론에 도달했다. 존재와 소멸의 과학적 정의에 의하면, 신은 실재가 아니라 성직자가 창조한 비물리적 가상 세계에서 존재하는 서사의 주인공으로 설명하는 것이 과학적이다. 성직자는 글로만 전해 내려오는 신의 말씀을 마음대로 왜곡해 왔다. 성직자로 살면서 얻게 된 부와 권력을 유지하기 위해 신의 이름으로 저지른 성직자의 의도된 위선이 종교가 인류에게 미친 폐해의 원인이었다.

인간이 동물과 구분되는 중요한 정신 능력은 상상과 가정이다. 물리적 실체가 없는 종교가 인간에게 이토록 커다란 영향을 미친 이유는 인간의 이 능력 때문이다. 누구나 상상할 수 있으므로 저마다 자기의 해석을 주장할 수 있다. 고대의 어느 시점, 민중들이 권력자의 폭정에 시달리며 현세의 삶을 벗어나게 도와주는 신의 구원을 간절히 기도하는 시대가 있었다. 민중의 삶은 어느 시기나 고달팠다. 때마침 자신이 신에게 선택받은 메시아라고 주장하는 사람이 나타난다. 자기 말을 믿고 행동을 따르면 구원받을 수 있다며 대중들을 설득한다. 처음에는 그를 미치광이로 취급하지만. 그의 기이한 행동과 설득력 있는 언변을 따르는 사람이 생겼다. 그의 예언이나 신묘한 능력이 맞아떨어지는 우연의 일치가 몇 번 반복되면 그는 기적의 실현자로 민중에게 센세이션을 일으킨다. 그가 신을 대신하는 메신저라고 믿는 사람이 늘어나면서 그의 말은 종교가 되고, 그는 대중의 정신적 지도자가 된다. 때로는 그런 사람이 존재했다는 증언을 대중이 믿게 만드는 데 성공하거나, 그가 아니라 자신이 진정으로 신의 메신저라는 주장을 하는 사람도 나타난다. 이 모두가 각각 하나의 종교가 된다. 메시아가 수명을 다하거나 핍박받아 사라진 후, 신과 메시아의 존재는 성직자의 말과 글에 의해서만 설명된다. 신의 현신을 보았다는 기적이 종종 회자하지만, 그것이 신의 물리적 실존을 증명하는 것은 아니다.

대중을 현혹하는 데 성공한 어느 언변 좋은 사람이 말하는 상상의 존재가 신의 실체가 아니었을까? 나는 의심한다. 성직자는 현실에서 부활도 기적도 일으키지 못하지만, 그가 말로 구현하는 존재는 전지전능할 수 있다. 신을 믿는 이들이 조금씩 늘어나면 신의 헌신을 전하는 성직자가 민중의 지도자가 된다. 당대를 힘겹게 살아가는 민중에게 위로와 희망을 교화하는 데 성공하면 위대한 자로 여겨진다. 교리가 되고, 새로운 종파로 안착한다. 신앙의 지도자는 대중의 지지를 받는 권력자가 된다. 종교가 대중을 이끄는 힘이 자신의 권력 유지에 필요했던 왕들은 성직자와 힘을 합치게 되었다. 성직자는 왕에게 권력을 주고, 왕은 성직자에게 권위를 주었다. 자신이 믿는 신이 다르다는 이유로 상대의 절멸을 시도하는 역사는 잔혹했다. 그 싸움의 승패에 따라 성직자와 왕이 가진 기득권의 존폐가 달려 있기 때문이었다.

종교적 도덕은 사람들이 올바르게 사는 적절한 동기를 부여하기 위해서 천국에 대한 소망과 지옥에 대한 경고를 제시한다. 타락한 성직자는 천국과 지옥이 현세를 살아가는 개인의 도덕적 삶에 의해서가 아니라 신의 말씀과 의지를 전달하는 자신에게 그 선택 권한이 있다고 믿게 만든다. 서로를 조건 없이 사랑하라는 신의 가르침은 하나였다. 하지만, 신이 아니라 그 말씀을 해석하는 성직자를 따르는 집단의 폐쇄성은 때로 광기에 가까운 폭력으로 빈번하게 표출되었다. 다른 종교를 배척하거나 종교적 허상을 좇느라 일어난 전쟁은 언제나 잔혹했다. 같은 신을 믿지만 해석을 달리하는 집단 간의 갈등 과정이 인류 역사가 되었다. 한쪽이 힘을 갖게 되었을 때마다 상대 집단을 박해하고, 원한의 감정을 남겼다. 박해받던 민족이 힘을 얻으면 복수로 되갚아 주었다. 집단의 흥망성쇠에 따라 박해와 복수가 반복되었다. 신의 말씀을 해석하는 관점의 공유가 민족적 동질감과 적대감의 중요한 구심점이었다. 민족과 종교는 점차 같은 이데올로기로 통합되었다. 종교와 합쳐진 민족주의의 폭력성은 세대가 지날수록 잔혹해졌다. 지금도 전 세계는 배타적 종교로 가치관을 형성한 민족 간의 갈등으로 전쟁이 반복되고 있다. 힘 있는 국가는 전쟁이라 부르지만, 박해받는 힘 없는 민족의 저항은 테러라는 비윤리적 폭력으로 치부된다. 대규모로 살상하면 전쟁이고, 자신을 희생하며 소규모로 저항하면 테러라 규정하는 모순이 발생한다.

내가 만약 중세 시대에 살며 신의 존재를 의심하거나 성직자의 권위를 깎아내리는 이런 글을 썼다면 고문 끝에 화형에 처해졌을 것이다. 신의 이름으로 사람 몸에 불을 붙여 죽이는 잔혹함을 행하는 성직자는 절대로 신의 말씀을 전하는 사람이 아니다.

로마의 번영은 정복한 이민족에 대한 관용 때문이었다. 관용은 종교의 자유도 포함되었다. 로마 스스로 정해진 국교가 없었으며, 종교를 시민들의 사상 통제 수단으로 사용하지 않았다. 하지만 그리스도교를 국교로 삼고 타 종교를 금지한 이후부터 로마는 쇠락했다. 오늘날까지 잔혹한 절멸을 목적으로 하는 전쟁은 종교가 원인이 되는 경우가 많다. 그리스도교가 통치의 수단이 되면서 신을 믿지 않거나 다른 존재를 신으로 여기는 사람들을 죽였다. 성직자는 거대한 권력이 되었다. 부패한 구교를 개혁하기 위해 탄생한 신교의 성직자는 구교 신도를 죽이는 싸움이 신의 말씀을 제대로 실현하는 과정이라 주장했다.

성서의 해석을 달리하는 집단은 이슬람으로 크게 분파되었다. 초기 이슬람은 후계자를 누구로 정하는 문제로 시작한 다툼이 수니파, 시아파로 나뉘어 같은 하늘 아래 살 수 없는 원수가 되었다. 현대 일부 극단 이슬람 집단이 자행하는 편협한 폭력은 분명히 마호메트의 가르침이 아니었다. 여성을 비하하고 폭력으로 종교를 지키라는 마호메트의 가르침은 없었다.

교황 레오 10세가 면죄부를 팔아 돈을 끌어모을 수 있었던 이유 중 하나는 라틴어로 쓰인 성경 때문이었다. 라틴어를 모르는 민중들은 교회에서 성직자가 들려주는 성경 말씀을 그들이 의지하는 신의 말씀으로 믿었다. 성직자는 모호한 성경 내용을 자신의 이기적 욕망과 편협한 주관에 따라 왜곡하여 민중의 사상을 조정했다. 현대 교회에서도 이 방법은 그대로 이어진다. 한국의 교회는 그리스도를 믿고, 그의 가르침을 실천하며, 세상을 이롭게 하는 단체가 아니라 교회를 설립한 목사의 말과 목적을 맹목적으로 따른다. 하나의 교회가 하나의 종파로 구분 지어도 될 만큼 배타적 신앙이 구축되었다. 교단은 다른 종교를 배타적으로 여기고 교회마다 다른 교회를 관용하지 않는다. 화려한 교회를 짓고 성직을 세습하는 행위는 성직자를 따르는 교인들을 경제적으로 착취하려는 목적이 분명하다.

심각하게 우려하는 문제는 성직자가 자신을 따르는 신자 집단의 힘을 이용하여 정치 활동을 하는 것이다. 현대 진보한 국가에서 종교와 정치를 분리하는 이유는 종교의 정치 관여가 신의 말씀을 끌어와 대중을 비이성적으로 현혹하는 성직자 집단의 이기심이 사회의 이데올로기를 점령하지 않도록 주의하기 위해서이다. 종교의 획일적인 수용을 위해 정치를 이용하면 그것은 최초의 신이 추구했던 모두가 사랑하는 이상사회와는 거리가 멀어진다. 종교는 개인의 도덕적 삶을 강조하여 사회에 선한 영향을 미치는 것이 목적이었다. 전체주의적 무관용의 사회로 몰아붙이는 종교의 정치화는 그 사회 구성원의 민주적 자유와 평화로운 공존을 유지하기 위해서 법률로 막을 필요가 있다. 종교의 경제적 착취는 성직자의 감언이설에 현혹된 개인의 손실에 불과하지만, 종교의 가치관 착취는 사회를 혼란에 빠트리고 폭력적 갈등으로 쉽게 확대되기 때문에 엄격하게 경계해야 한다. 그들을 방치하면 갈등은 증폭되어 증오의 악순환이 반복된다. 상대에 대한 증오의 동기를 불타오르게 할 수 있는 지도자가 저지르는 비이성적 위험은 인류 역사에서 증명되었다. 히틀러처럼, 히로히토처럼, 일본에 핵폭탄 투하 결정을 내린 미국의 정치인처럼 광기에 사로잡힌 지도자는 민족주의와 전체주의적 갈등을 증폭시킨다. 수천만 명의 인명 희생에도 불구하고 수십 년 만에 다시 문명을 회복한 지난 세기의 세계대전과는 달리 대량 살상 무기를 사용하는 현대의 전쟁은 과거와 비교할 수 없는 끔찍한 결말이 될 것이다.

종교가 일으키는 문제의 가장 큰 원인은 배타성이다. 나의 믿음 외에 다른 믿음은 이단으로 여기고, 폭력적인 방법을 동원해서라도 제거해야 한다는 확신을 신도들에게 세뇌하는 행위가 인류 문명을 갈등과 폭력으로 물들게 하는 원인이다. 종교나 정치권력을 손에 쥔 자는 자기 권력을 뒷받침하는 집단의 확대와 결속을 위해 다른 집단에 대한 배타성을 강요하여 자신의 권력과 부귀를 유지하는 수단으로 활용한다. 마르틴 루터와 장 칼뱅이 주도한 종교 개혁 과정에서 가톨릭의 세속화를 중단시킨 효과는 대중에게 종교적 은총을 내리지 못했고, 구교 신교로 나뉘어 전 유럽을 수백 년 동안 피로 물들인 참혹한 결과를 나았다. 제네바의 정치 종교 지도자로 취임한 칼뱅은 세속주의를 배격하고, 프로테스탄스적 삶이 하느님의 말씀이라 믿었다. 그의 원칙에 따라 제네바 시민들은 세속의 사소한 즐거움까지 금지당했다. 금욕하지 않고 행

착취 경제

복을 표현하는 시민에게는 가혹한 폭력을 행사하거나 심지어 목숨을 빼앗았다. 그가 저지른 일은 신의 말씀에 따라 사람들을 구원하기 위한 것이 아니었다. 편협한 주관적 신념을 힘없는 민중들에게 폭력적으로 강요한 것에 불과했다. 목사 개인이 포섭한 신도들로 소핵화되어 있는 오늘날 교회는 다른 종교인은 물론이요, 같은 신을 믿는 옆 교회조차 배타적으로 대한다. 우리나라 일부 교회는 그리스도의 선한 영향력을 전파하는 교회가 아니라 목사 개인의 교회가 되었다. 많은 대형 교회는 목사직을 자식에게 물려주고 권력과 부를 누린다. 진정으로 신의 희생과 감화를 믿는 신도라면 목사의 부조리에 저항하겠지만 사교화된 교회에 속한 신도들은 신의 말씀보다 목사의 설교를 더 신뢰하며 목사의 지도를 의심 없이 따른다.

나는 불교 신자가 아니다. 부처의 실체적 존재도 믿지 않는다. 그러나 불교의 가르침은 종교가 가야 할 올바른 방향을 제시한다고 판단한다. 다른 종교와 달리 불교는 절대자의 명령에 따라 민중의 삶이 결정되는 것이 아니라 누구나 자비로운 삶을 살면 부처가 될 수 있다고 가르친다. 불교에도 성직자가 있어 종파가 있지만 배타적으로 집결하여 싸우는 일은 드물다. 이런 이유로 아시아의 불교를 믿는 국가의 국민은 스스로 행복 지수가 높다고 판단한다.

내가 사는 아파트 뒤편 산자락에 소박한 성당이 있다. 마당 한쪽에 한복 차림의 푸근한 어머니 같은 성모가 아이를 안은 모습으로 모셔져 있다. 나는 산책길을 오가며 일부러 성모님을 찾아가 내 아이들의 미래를 위해 기도하곤 한다. 깊은 산의 아름다운 풍경을 볼 수 있는 산사에 가면 불당에 앉아 향 내음을 맡으며 명상하고, 우리 가족의 안녕을 기도한다. 외국으로 여행을 가면 그 나라의 유서 깊은 성당과 교회 그리고 이슬람과 불교 사원을 찾아간다. 존재는 믿지 않지만, 그곳에 흐르는 영적 기운을 느끼며 내 가족과 이 세상의 안녕을 기도하고, 작은 헌금과 시주를 잊지 않는다. 나는 신의 존재를 믿지 않는다. 오히려 존재하지 않는다고 확신한다. 하지만 나약한 한 인간에 불과한 나는 내가 겪는 고통에서 벗어나기를 애원하고 행운과 평화가 내 삶에 더 빈번하게 일어나도록 기도하는 신적 대상을 찾는다.

내가 믿는 신이 유일하고 믿는 사람만이 구원받을 수 있다는 강요가 모든 종교 문제의 원인이다. 절대자는 모든 사람이 서로 사랑하고 함께 잘 사는 사회를 만들자, 설파하기 위해 자신을 희생했다. 하지만 성직자는 자신의 세속적 욕망을 채우기 위해 그 말씀을 왜곡했고, 대중들을 현혹했다. 관용 없는 적개심으로 폭력을 선동하고 있다. 오늘날 종교는 평화의 매개체가 아니다. 갈등과 폭력의 원인이다. 성직자의 필터를 없애고, 각자가 믿는 그분의 가르침을 따라야 한다. 그래야 종교가 인류에게 진정으로 위안과 평화를 가져다준다.

철학의 착취

사람은 왜 살아가는가?

삶의 목적은 무엇인가?

우리는 죽음을 피하지 못한다. 인간의 삶은 결국 죽음으로 마무리된다. 그럼에도 저마다 고난을 견디며 살아간다. 가난하고 힘없는 사람은 그가 이루지 못한 꿈을 선망하고, 현실을 원망하며 고통받는다. 부자와 권력자들은 그들이 인내와 행운을 통해 얻어낸 어떤 것도 완전히 만족하지 못하며, 자신의 모든 것을 버려 두고 죽을 운명 앞에 무력하다. 죽음은 존재와 소유와 인식의 영원한 소멸이다. 그래도 고통 속의 삶이 의미 있는가? 한 인간의 존재 여부는 스스로 결정하지 못한다. 수백, 수억 년의 우주적 시간이 필요한 진화와 남녀의 사랑이라는 지구적 우연과 생명의 잉태라는 기적의 과정이 복수적으로 결합하는 완전한 타의에 따라 나의 탄생과 존재가 결정된다. 타의적 존재는 크고, 작은 고통을 견디며 살아가고, 세월은 결국 죽음으로 향한다. 잘난 사람 못난 사람, 행복한 사람 불행한 사람 모두 우주의 시간에 비하면 찰나의 순간을 살다 우주의 구성 원소로 되돌아간다. 자신의 모든 능력을 짜내며 고통을 이겨 낸 결과는 노화와 죽음이다. 인류 역사 발전에 큰 영향을 미친 개인의 위대한 삶이라 할지라도 그가 존재했다는 기록 외에 죽음 후의 실체는 절대로 다시 재현되지 않는다. 민족을 위기에서 구한 영웅과 훌륭한 작품을 후세에 남긴 예술가의 이름을 현대를 살아가는 우리가 기억하고, 그의 삶을 존경할지라도 이미 죽은 그에게 아무런 실체적 이익이 돌아가지 않는다. 인간사를 내려다볼 수 있는 그곳에서 무한한 행복을 만끽하며 사후 세계를 살아갈 리도 만무하다. 대부분의 평범한 인간들은 존재의 작은 흔적조차 남기지 못한다. 영영 사라진다는 것은 아예 존재하지 않았던 것과 결국 아무런 차이가 없다. 죽음이 삶의 끝이라면 삶을 살아가는 의미는 무엇인가? 우리는 평생을 살아 있으려고 애쓰다가 결국 죽는다는 사실을 받아들여야 한다. 내 존재의 소멸이 내 세계의 종말을 의미한다면, 더 멋진 나와 더 나은 세계를 만들기 위한 고통이 무슨 의미가 있는가?

우리는 왜 이리 많은 역경과 고난을 겪어야 하는가? 끔찍한 질병과 자연재해가 왜 이리도 자주 일어나서 무고한 사람들의 삶을 망쳐 놓는 것일까? 우리는 왜 계속 전쟁을 하고, 수백만, 수천만 사람들을 죽음으로 밀어 넣는가? 우리는 왜 끊임없이 서로에게 상처를 주는 것일까? 결국 우리는 늙고 죽음을 피하지 못함에도 세상에는 왜 이리 많은 악이 존재하는가?

우리의 삶은 태엽이 감겨 있는 이유도 모른 채 움직이는 시계와 같다. 개개의 인간이 태어날 때마다, 이미 셀 수 없이 많이 들어본 낡은 이야기를 또다시 반복하기 위해 인생 시계는 새롭게 태엽이 감긴다. 실체적으로 무의미한 인생에 살아갈 가치를 부여하기 위해 인간은 철학과 도덕을 창조했다. 철학은 사람들이 인생의 허무함을 자각하지 못하도록 세뇌하는 도구가 되었다. 도덕은 허무한 인간들이 삶을 포기하거나 원초적 폭력을 행사하지 않고 살아가도록 조정한다.

철학자들은 우리 존재에 관해 깊이 숙고한 뒤 사물의 본성을 설명하기 위해 고민하고 글로 정리한다. 고통의 연속인 인간의 삶에 일말의 위안을 주고, 인내하며 살아가야 할 이유를 설명하기 위해 노력한다. 대중들이 이해하기 쉽지 않은 단어와 문장으로 점철된 그들의 글은 우리가 삶의 의미를 이해하도록 돕기보다 철학자의 글에서 적절한 의미를 끌어내야 하는 숙제를 사람들에게 남겼을 뿐이다. 위대한 철학자의 논거를 직관적으로 이해하지 못하고 후세에 그를 연구한 사상가의 해설을 통해야 알 수 있다면, 그 철학적 주장은 우리 삶의 의미를 설명하는 명쾌한 답이 될 수 없다. 더군다나 대부분의 철학서들은 난해한 문장에도 불구하고 삶의 목적은 명확하지 않다는 결론으로 우리를 당황하게 만든다. 우리는 세상에 이유 없이 던져진 존재이며, 삶은 근원적으로 허무하다는 무책임한 답을 내놓아 읽는 이를 허탈하게 만들기도 한다. 진정한 행복은 허상이며, 주어진 삶에 감사하면서 그저 살아가는 것 외에 다른 방법이 없다는 결론에 동의할 사람은 많지 않다. 삶의 궁극적 이유를 찾는 인간의 철학적 탐구는 언제나 실패한다.

알베르 카뮈는 철학의 이유를 직설적으로 표현했다. 참으로 진지한 철학적 문제는 오직 하나뿐이다. 바로 자살이다. 인생이 살 가치가 있느냐, 없느냐를 판단하는 것이야말로 철학의 근본 문제에 답하는 것이다. 세상은 근본적으로 부조리하다. 부조리를 빠져나오는 방법은 자살과 희망 중에 선택하는 것뿐이다. 시시포스가 언덕을 향해 돌을 굴리는 고통과 우리의 인생은 같다. 산꼭대기로 어렵게 밀어 올린 바위가 다시 아래로 굴러떨어지는 모습을 바라보며 인간은 각자의 가치관에 따라 두 가지 상반된 감정 중에서 선택해야 한다. 반복되는 허무한 고통을 멈추기 위해 자살 외에 다른 방법이 없다고 판단하거나, 드디어 해냈다는 성취감에서 오는 찰나의 행복을 위안으로 삼으면서 애써 밀어 올린 바위가 아래로 굴러떨어지는 모습을 지켜보는 허무함과 다시 밀어 올리는 고통을 인내하는 것이다.

니체는 페르시아 예언자 차라투스트라의 입을 빌려 삶은 사실 오랜 기간에 걸쳐 천천히 자살하는 과정에 지나지 않는다고 결론지었다.

사르트르는 인간의 삶은 의미 없이 세상에 던져진 것에 불과하다고 정의했다.

사람들은 아무것도 모르면서 알고 있다고 생각하지만, 소크라테스는 자신이 모르고 있다는 것을 알고 있다는 점이 철학의 본질이라고 설명했다. 신체는 일시적이고 영혼은 영원하기 때문에 자신의 죽음을 받아들이는 데 두려움이 없다면서 기꺼이 독배를 마셨다.

칸트는 자신의 의지의 원칙이 항상 일반적 법의 원칙이 되게 하라는 정언명령으로 도덕적 삶을 강조했다.

버나드 쇼는, 평생 행복한 삶이라니! 이런 상태를 참을 수 있는 사람은 아무도 없다. 만일 그렇다면, 그것은 지상에 존재하는 지옥이라며 고통과 행복이 상존하는 인생을 받아들일 수밖에 없다고 했다.

영화 〈매트릭스〉의 주인공 네오는 모두가 행복하다고 인식하는 매트릭스에서 목숨을 걸고 탈출하여 굳이 지옥과 같은 현실 세계에서 살아가려 했을까? 내가 인지하는 것이 현실이라면 매트릭스 세계와 현실 세계의 삶을 구분하는 것은 의미 없다. 목숨을 건 전투가 이어지는 공포의 현실보다 모든 것이 평화로운 매트릭스에서 행복한 삶을 살아가는 것이 훨씬 현명한 선택일지도 모른다.

플라톤은 현실을 동굴에 비친 그림자로 설명하였다. 사람들은 태어날 때부터 지하 동굴의 암벽에 단단히 묶여 머리는 물론 몸도 움직일 수 없어서 그들 앞의 동굴 벽면만 바라볼 수 있다. 빛이라고는 그들 등 뒤에 놓인 횃불밖에 없다. 횃불과 사람들의 등 사이에서 일어나는 만물의 움직임이 동굴 벽에 그림자로 비친다. 자신과 다른 사람들도 벽에 비치는 그림자로만 존재를 인식할 수 있다. 동굴의 거주자들은 그들의 등 뒤에서 실제 무슨 일이 벌어지는지 알지 못한 채 그림자를 유일한 참된 세계로 간주하고 있다. 그러다 특별한 능력을 가진 사람이 쇠사슬을 풀고 동굴 밖으로 나오게 되면서 동굴에서 일어나는 일이 무엇인지 깨닫게 된다. 하지만 그는 동굴에 묶여 있는 사람들에게 사실을 설명할 방법이 없다. 그가 말하는 사실은 동굴 거주자들의 관념으로는 도저히 이해할 수 없는 내용이다. 동굴 밖의 세계를 깨우친 사람은 조롱과 웃음거리가 되고, 동굴 거주자들은 타락한 눈으로 세상의 이치를 뒤집어 놓았다며 그를 배척한다.

도스토옙스키는 『죄와 벌』의 주인공 라스콜니코프의 말을 빌려 살아야 하는 이유를 이렇게 설명했다. 만약 자신이 높은 낭떠러지 위에 간신히 두 발만 놓을 수 있는 공간에서 주위에 심연과 대양과 영원한 어둠과 영원한 고독과 영원한 폭풍을 끼고서 살아야 한다 해도, 발바닥만 한 그 공간에서 평생을, 천 년을, 영원을 살아야 한다 해도 지금 당장 죽는 것보다는 사는 것이 더 낫다고! 그저 살 수만, 살 수만, 살 수만 있다면! 어떤 식으로든 그저 살 수만 있다면!

나는 동의하지 않는다. 삶이 죽음보다 고통스럽다면 죽음으로 평안을 찾는 것이 옳은 선택이 아닐까! 내 존재의 유무는 내가 속한 우주의 영속과 조화에 어떤 작은 영향도 미치지 못한다. 우주는 내 존재를 기억하지도 않을 것이고, 내 존재에 어떤 가치도 부

착취 경제

여하지 않았다. 만약 나에게 태어나지 않을 능력이 있었다면 아마도 나는 이런 기만적인 조건하에 존재하기를 거부했을 것이다. 우리가 언젠가 죽어야만 한다는 사실은 우리가 애초에 왜 삶을 걱정해야 하는지 의문을 품게 한다. 그리 머지않아 모든 것이 끝날 것이기 때문에 삶이 지금 당장 끝난다고 하더라도 큰 차이가 없을 것이다. 삶은 너무나 짧다. 궁극적인 현실은 죽음이며, 삶은 죽음의 그림자에 영영 가려진 채 진행되는 사악한 장난질이며, 멍청한 속임수에 불과하다. 이 세상에서 가장 확실하고 명확한 명제는 내 삶은 죽음으로 끝난다는 사실이다.

인간이 삶에서 의미를 찾으려는 가장 중요한 이유는 인간은 언젠가 죽는다는 것을 구체적으로 인식하는 유일한 동물이기 때문이다. 소멸의 순간을 향해 다가간다는 불안한 생각이 두뇌에 각인되어 있다. 철학자들은 죽음 앞에 무기력한 인간에게 살아가는 이유를 부여한다. 하지만 감각과 인지의 시뮬레이션에 불과한 그 감언이설 또한 인간이 만든 것이라면 실재하는 세상은 살아갈 이유가 없는 것이 맞을지도 모른다. 행복하게 살았든 불행하게 살았든, 수명을 다하는 시기의 인간은 의미 있는 삶을 살기 위해 생애동안 참았던 고통이 죽음 앞에 무의미하다는 사실을 깨달으며 눈을 감는다.

나의 세상은 내가 존재할 때만 존재의 의미가 있다. 내가 존재하지 않고 타인들이 계속 살아가는 세계는 내게 아무런 의미가 없다. 나의 육체와 의식의 소멸은 나에게 있어 우주 전체의 완전한 물리 화학적 소멸이다. 그럼에도 모두가 죽음을 두려워한다. 그래서 인간의 생존 의지는 본능적으로 강력하다. 현대 물리학은 우주에 존재하는 모든 사물이 원자로 이루어졌음을 증명했다. 우주의 사물은 죽어 있는 상태가 자연스러운 것이다. 원자도 죽어 있고, 흙도 공기도 물도 생체 활동을 하지 않는다. 원자의 희귀한 조합으로 생명이 탄생하고 소멸하는 과정은 우주적으로 매우 불안정한 상태이다. 죽어서 원자로 돌아가 우주의 일부로 섞여 있는 것이 살아 있는 것보다 더 자연스러운 상태다.

삶은 어찌나 공허하고 무의미한가! 키르케고르는 삶을 죽음보다 더 큰 불행으로 여겼다. 삶을 견딜 만하게 만들어 주는 것은 죽음의 예상 때문이다. 스스로 죽지 못하지만, 불행한 삶의 끝에 죽음이 기다린다는 희망으로 살아갈 수 있다. 행복한 자는 노년에 죽음을 맞이한 자다. 더 행복한 자는 태어날 때 죽음을 맞이한 자다. 가장 행복한 자는 애초에 태어나지 않은 자다. 절망은 죽음에 이르는 병이다. 죽음이 결국은 모든 것의 끝이라는 피하지 못하는 사실 때문에 절망한다. 절망하지 않는 인간은 없다. 마음 깊은 곳의 불편, 동요, 불화, 불안이 자리 잡고 있지 않은 인간은 단 한 명도 없다. 알고 있어서 곧 도래할지도 모르는 불안이 있고, 알려지지 않은 무언가에 대한 불안이 있고, 알고 싶지 않은 무언가에 대한 불안이 있으며, 삶의 어떤 가능성에 대한 불안 혹은

착취 경제

자기 자신에 대한 불안이 있다.

프랑수아즈 사강은 타인에게 해를 끼치지 않는 한, 나는 나를 파괴할 권리가 있다고 주장했다.

니체는 이것을 하지 말라, 저것을 하지 말라 하면서 자기 자신을 억제할 것을 요구하는 모든 도덕에 반기를 든다. 부정하는데 본질이 있는 모든 부정적인 도덕을 거부하는 대신, 무언가를 '나'만이 할 수 있는 방식으로 잘하라고 독려하는 도덕을 권한다. 자기 자신이라는 존재에 폭력을 가하지 않으면서 자기 자신만의 삶을 살아야 한다. 자기 자신이라는 존재에 가하는 폭력이 우리를 가장 병들게 만든다. 자기 자신의 표출을 억압하려고 할 때 우리 내면에서는 다른 사람들에게 고통을 가하고자 하는 욕망이 분출된다. 다른 사람들이 고통을 겪도록 만드는 것을 즐긴다. 그렇게 하는 것이 우리가 자기 자신에게 폭력을 가할 때 느껴지는 고통을 어느 정도 완화하기 때문이다.

동양 철학은 권위에 복종하는 것을 미덕으로 강요했다. 공자 사상의 설파 이후 그 말씀을 해석하는 유학자들의 시각에 따라 집단의 이데올로기가 결정되었다. 임금에게 충성하고 부모에게 효도하는 것을 인간 사고와 행동의 근본으로 여겼다. 공맹은 철저하게 권력자의 편이었다. 권력의 착취가 집단의 목적에 부합하고, 집단을 위한 소수의 희생은 충이라 강조했다. 구시대에 저항하는 진보적 저항을 불충과 불효라 죄악시했다.

실존적으로 의미가 명확하다고 증명하지 못하는 인생을 고뇌하며 살아가도록 철학은 우리의 인식을 착취한다. 철학은 착취당하는 세상에서 억울함과 분노를 견디도록 세뇌한다. 착취하는 신분에 이르는 데 성공한 사람의 공허하고 허무한 인생을 지탱하면서 자연적 죽음을 고통스럽지 않게 기다리도록 인도한다.

행복은 철학적 탐구로 의식을 낭비하는 삶이 아니다. 최소한의 도덕적 준칙에 어긋나지 않는 신체와 정신의 자유를 누리는 삶이다. 좋은 영향을 주고받고, 즐거운 시간을 함께할 수 있는 사회적 관계와 경험에 시간과 돈을 투자하며 사는 것이다. 이루고자 하는 목표가 있어서 노력하고 성취하는 과정에서 유능함을 느끼는 것이다. 나를 사랑할 자격이 있는 사람이 나를 사랑한다고 느낄 때, 내가 사랑하는 대상이 사랑받을 만한 객관적 가치를 지니고 있다고 판단될 때, 우리는 삶이 가치 있다고 느낀다. 우리 삶은 아무런 의미 없는 부조리한 세계가 아니다. 우리가 하는 모든 일이 심오한 의미가 있다면 우리는 삶의 무게를 지탱하지 못할 것이다. 모든 일이 고차원적인 설계에 의한 필연적인 세계는 끔찍한 세상이다.

우리의 삶에 존재하는 우연이나 선택의 불확실성이 의미와 여지를 준다. 삶의 모든 것이 중요해야만 의미를 지니는 것은 아니다. 어떤 것은 많이 중요한 반면, 어떤 것은 조금 중요하거나 아예 중요하지 않을수록 우리가 살아가는 동력을 얻는다.

우리는 저기 밖에 우리를 보살펴 주는 누군가, 모든 일이 잘 풀

리도록 도와주는 누군가가 존재하기를 갈망한다. 전지전능하고 사랑이 넘치는 우주적 존재를 열망한다. 하지만 사실 우리는 우주적 고아다. 아무도 우리를 구원하지 않을 것이라는 사실을 알기에 고통스럽다. 그래도 사람들은 저마다의 대상에게 기도한다. 삶에 아무런 의미가 없어야 더 잘 살 수 있다. 미리 정해진 의미가 존재하지 않는다는 사실이 우리에게서 압력을 덜어 주고 족쇄를 풀어 주기 때문이다. 삶을 살아가는 단 하나의 의도된 방식이 존재하지 않아야 우리는 우리가 원하는 대로, 우리가 생각하는 대로 자유롭게 삶을 살 수 있다. 신이 존재한다면 모든 것은 신에 달려 있으며, 우리는 신의 의지에 반하는 어떤 일도 할 수 없다. 신은 존재하지 않는다. 그러므로 모든 것은 우리에게 달려 있다.

삶의 무상함을 확인하는 철학에서 의미를 찾기를 기대하지 말고, 태어났음에 살아가고, 나를 사랑해 주고, 내가 사랑하는 사람들을 위해 그저 살아가는 것이다.

정치와 언론의 착취

국가는 국민에게 합법적 폭력을 행사할 권리를 가진다. 정치는 합법적 폭력의 목적과 범위를 정하는 절차다. 폭력의 목적은 그 사회의 시대정신을 담은 이데올로기를 지키는 것이며, 폭력의 범위는 동시대의 가치 기준에 공감하는 정의(justice)의 정의(definition)에 따라 법률로 규정한다. 토머스 홉스가 정의한 국가의 역할은 더 단호했다. 집단의 무질서와 범죄, 외부 침략의 위협에서 사람들의 안전을 지키는 것이 국가의 목적이다. 통치자는 이에 필요한 무한한 권력을 가지고, 국민은 군주에게 저항할 수 없다.

옳은 정치는 좋은 국가를 만든다. 경제적으로 번영하고 인간의 기본권이 보장되면서, 풍요의 권리에서 소외되는 국민이 가장 적은 정치가 행해지는 것이 좋은 국가이다. 오늘날 정치와 언론은 하나의 맞물린 기어처럼 얽혀 있다. 전통적 미디어인 신문과 방송은 정치를 해석하여 국민에게 알린다. 인터넷 매체와 유튜브는 몇몇 전통적 언론의 독과점에서 다양한 언로를 펼치는 도구가 되었다. 민주적인 정치와 자유로운 언론은 각자가 믿는 혹은 욕망하는 이데올로기에 따라 진영을 달리하여 광신적 동조와 극단적 적대감을 자극하는 데 이용되기도 한다.

국가 권력은 국민의 이타적 이상을 실현하는 수단이 되기도 하지만 권력자의 이기적 욕망의 도구가 될 위험이 있다. 정치는 국민과 국가가 해야 할 일과 하지 말아야 할 일의 범위를 정한다. 근대에 이르기까지 합법의 범위는 주로 세습되는 왕의 개인적 능력과 선량함의 정도에 따라 달라졌다. 왕의 성품이 이타적인지 이기적인지에 따라 백성의 삶은 극명하게 번복되었다. 민주주의 체제에서는 선거로 선출된 정치인에 의해 국가의 물리적 비물리적 폭력 행사 범위가 정해진다. 진보주의자가 집권하면 국가의 강제력이 모든 국민에게 평등하게 적용되도록 공권력의 범위를 정하고, 보수주의자가 집권하면 전체의 발전을 위해 일부의 희생은 용인하는 이데올로기를 정착하기 위해 노력한다.

인간이 사회를 이루고 구성원 수가 증가하면 개인을 전체의 질서 속에서 안전하게 살도록 누군가 리더를 정하지 않을 수 없다. 인간은 사회적인 동물이다. 사회적이란 개인의 위계와 서열을 정하고 자신의 계급을 받아들이는 데 저항감이 적다는 의미이다. 권력은 매력적이다. 점점 더 많은 돈을 얻기 위해 착취 경제 활동을 하는 것처럼 더 많은 권력을 차지하기 위해 정치는 언제나 권력의 독점을 잃지 않기 위한 도구로 사용되었다. 그러므로 정치는 민중의 자유로운 삶보다 민중을 착취하는 도구로 사용되는 경우가 역사적으로 더 많았다. 국가의 탄생 이후, 한 국가의 번영과 퇴화는 오직 그 국가에서 행해지는 정치의 목적이 무엇이냐에 따라 결정되었다. 권력자의 악한 의도의 실행을 막고, 권력자가 선한 의도를 가지고 있다 할지라도 헌법과 법률이 정한 권한의 범위를 넘어서 그 의도를 실현하지 않도록 규정하는 것이 현대 법률의 개념이다. 왕이나 독재자의 절대 권력하에서도 법률은 존재한다. 그 법률이 권력자와 부자에게 관대하고 민중과 가난한 이에게 엄격하게 적용되느냐, 그렇지 않느냐에 따라 정치가 착취의 도구가 되는지, 국민의 행복과 평화의 도구가 되는지 구분된다. 착취의 정치가는 자신의 악의를 숨기기 위해 법에 따른 정당한 권력 행사를 강조한다. 법은 현실적으로 만인에게 평등하지 않다. 법률 자체가 민중에게 권한을 위임받은 특권층에 의해 정해진다. 그들은 자신을 선출한 민중의 이익보다 선출되어 얻은 자신의 권리를 보호하는 방향으로 법률을 제정하고, 민중에게 강제한다. 이런 점에서 마르크스는 국가를 하나의 공동사회로 인정하지 않았다. 국가는 민중의 평화와 안전을 보장하지 않는다. 국가는 소수의 지배계급이 다수의 피지배계급을 착취하기 위한 도구에 지나지 않는다고 선언했다. 그러나 그가 선동했던 프롤레타리아 혁명 과정에서 가장 많이 희생당한 것은 부르주아지가 아니라 민중이었다. 국민의 권리를 착취하고, 권력자가 정한 의무를 강요하며, 정당성을 잃은 국가권력에 대해서는 복종할 의무가 없다는 법치주의자들의 주장은 일견 옳은 말인 것처럼 들리지만, 악의적 법치를 선의적 법치로 바꾸는 혁명에서 권력자보다 민중들이 더 많이 희생되는 과정을 우리

착취 경제

는 역사를 통해서 확인했다. 오늘날 자본주의는 부의 불평등에 의한 문제로 그 한계를 드러내고 있지만, 사회주의는 평등한 빈곤 때문에 붕괴하였다. 현재까지 명맥을 유지하는 사회주의는 공산당이 일당독재를 하지만 경제는 서구의 자본주의 체제로 전환한 경우이다. 북한만이 유일한 예상 밖의 상태를 유지하고 있다.

자유는 단순한 가치가 아니라 인간의 본성이다. 개인은 공동체의 부속물이 아니라 자기 삶의 주체이다. 개인은 다른 사람의 자유를 부당하게 침해하지 않는 한 자기가 원하는 삶을 스스로 설계하고, 자기가 원하는 방식으로 인생을 살 권리를 가지고 있다.

성자와 같은 선한 이상주의자와 미치광이 광신자의 차이는 단 한 뼘에 불과할 때가 있다는 하이에크의 경고에 대응하여 카를 포퍼는 '사악하거나 무능한 지배자들이 우리 사회에 돌이킬 수 없는 해악을 끼치지 않도록 정치 제도를 조직할 수 있는가?'가 정치철학의 목적이라고 했다. 민주주의는 악한 지배자가 너무 나쁜 일을 저지르지 못하는 장치가 되지만, 선한 이가 좋은 일을 하는 일을 악한 이가 방해하는 것도 허용한다.

베블런은 유한계급(leisure class)을 약탈과 기만으로 재산을 축적해서 사치와 방탕한 생활을 일삼지만, 사회 경제 체제를 설계하는 중요한 계층으로 지목하였다. 노는 사람, 즐기는 사람을 의미하는 유한계급은 생산적 노동을 하지 않는다. 다른 사람의 노동이 창출한 것을 착취하여 즐기는 계급이다. 그들은 보수의 근간이 된다. 그들에게 혁신은 천박하고 나쁜 것이다. 그런데 대부분의 민주주의 국가에서 하위 소득계층 국민이 보수적인 정치 성향을 보인다. 유한계급의 착취 대상이 되는 그들이 혁신에 동조하지 않는 이유는 양극화 때문이다. 그들의 삶에서 생존 외에 혁신을 고민할 만큼 지적·경제적 여유가 없기 때문이다. 자신의 모든 에너지를 당장 생존에 쏟아부어야 하는 절대 빈곤자들은 내일을 생각할 여유조차 없으므로 보수적일 수밖에 없다고 말하고 있다. 대개 정치적 사유의 여유가 있는 중산층이 진보주의자가 된다. 가난한 이에게 진보는 유한자들의 한가로운 소리에 불과하다.

보수주의는 인류의 생존 본능이고, 진보주의는 인류 발전의 원동력이다. 사회가 건전하게 발전하려면 서로 적절한 균형이 필요하다. 진보주의가 만연하면 다양한 변화의 목소리와 주장으로 혁명은 멈추지 않을 것이다. 보수주의가 지배적이면 시대적 환경 변화에 적응하지 못하여 인류는 점점 도태될 것이다. 극우와 극좌를 경계해야 하는 이유다. 보수는 사악하고, 진보는 무능력하다. 보수는 집단의 목적을 이루기 일부의 희생을 주저하지 않지만, 진보는 목적을 이루는 과정에서 아무도 희생되지 않기를 바라기 때문이다. 극우와 극좌의 투쟁으로 분열되지 않는, 그 중간쯤에서 국민이 단합되도록 만드는 장치로써 정치가 작동되어야 하지만, 오늘날 세계의 정치는 권력을 유지하기 위해 극우와 극좌로 국민을 분열시키는 것이 유리하다고 판단한 듯 보인다.

몽테스키외는 공화국의 불행은 오히려 당쟁이 없어졌을 때라고 말했다. 그것은 인민이 돈으로 타락했을 때 생긴다. 인민은 정치에 무관심해지고, 돈에 집착하게 된다. 국가의 일에 애착을 느끼지 않는다. 통치와 관련하여 문제가 되는 상황에서 관심을 두지 않고, 조용히 그 대가만을 기다린다.

존 스튜어드 밀은 질서와 안정을 추구하는 정당과 진보나 개혁을 추구하는 정당이 공존하는 것이 건전한 정치 생태계를 형성하는 데 필수적이라고 말했다. 다른 이데올로기를 추구하는 두 정당이 모두 효용이 있는 이유는 어느 쪽도 완벽하지 않고 부족한 점들이 있기 때문이다. 각각의 정당이 자신의 한계를 지키며 이성적이고 건강한 상태를 유지할 수 있는 것은 반대 정당이 있기 때문이다. 민주주의와 귀족주의, 사유재산과 공동의 재산, 협력과 경쟁, 사치와 절약, 사회성과 개체성, 자유와 규율, 그리고 실제적인 삶 속에서 존재하는 그 밖의 상반된 것 중에서 어느 한쪽을 지지하는 의견이 자유롭게 표현되고 똑같은 능력과 열정으로 시도할 수 있어야 한다.

각 개인의 이기적 삶이 사회 속에서 불화를 줄이고 조화를 이루는 이타적 행위와 충돌하지 않기 위해 실천적으로 중요한 것은 상반되는 것들을 화해시켜 결합하는 규칙을 모두가 동의하도록 만드는 것이다. 충분한 포용력을 지니고 모든 것들을 고려하여 공정하고 정확하게 조정 작업을 해낼 수 있는 사람은 거의 없다. 그래서 양 진영이 서로를 반대하는 가치를 높이 세우고 치열한 싸움을 하는 거칠고 험악한 과정을 거쳐서 조정 작업이 완성된다.

이상적인 정치의 본질은 분명하지만, 정치인은 자신을 지지하는 무리의 결속력을 강화하기 위해 자신의 가치관을 양극단으로 분리하는 것이 유리하다는 사실을 경험으로 배웠다. 양극화를 이용하여 권력을 잡기 위한 야망가의 첫 번째 전략은 경쟁자의 이데올로기를 자신을 지지하는 무리가 극단적으로 적대시하도록 만드는 것이다. 그 결과, 보수와 진보의 지지율은 어느 한쪽이 극단적 잘못을 저지르지 않으면 대부분 팽팽하다. 선거가 끝나면 권력을 잡은 여당과 권력을 놓친 야당으로 진영이 분리된다. 다음 선거까지 민주적인 견제와 균형은 이상 속의 이야기가 된다. 뺏으려는 자와 뺏기지 않으려는 자들의 전략과 전술이 난무한다. 자기 진영의 결속력을 견고히 하기 위해 합리적인 보수나 온건한 진보보다 극우와 극좌로 적대시하게 만들어 가고, 그때 언론이 중요한 역할을 담당한다.

진보는 선한 변화를 추구한다. 변화는 근본적으로 혼란을 일으킨다. 진보는 혁신을 연속으로 성공하지 못하기 때문에 정권을 잃고, 보수가 탐욕으로 자멸하는 틈을 이용해 정권을 되찾는다. 보수는 부패로 타파되고, 진보는 분열로 무너진다. 이런 정치 구도에서는 시민의식이 강경해야 국가의 평화가 보존된다. 무조건적인 혁신에 진보가 우왕좌왕하거나 보수의 탐욕이 무소불위의 독재로 변질될 때 시민이 힘을 합쳐 불의에 맞서야 한다. 카를 포퍼는 비

착취 경제

폭력적인 정권 교체가 가능한 상태가 자유민주주의의 핵심이라고 강조했다. 이때 언론이 시민의식의 방향을 정하는 데 가장 큰 역할을 한다. 하지만 우리나라 레거시 언론은 그런 사명감을 내던진 지 오래인 듯하다.

언론은 정보의 필터다. 필터가 한 방향으로 편향되면 여론을 왜곡하고, 정치를 천박하게 만든다. 개인의 정치적 성향은 교육과 사회 경제 수준에 따라 결정될 가능성이 높다. 언제나 국민의 30~40%는 어떤 상황에서도 변하지 않는 정치 이데올로기가 없다. 그들은 중도층이라는 꽤 이성적인 집단으로 분류되기도 하지만, 선거에 참여하지 않음으로써 사악한 욕망가가 권력을 쥐도록 도와주기도 한다. 극단적 좌파와 우파는 어지간한 정치적 격변에도 집단의 성향이 바뀌지 않는다. 양 파벌의 결집력과 중도층의 유인율에 따라 권력의 주도권을 가르는 선거 결과가 결정된다. 개인이 정치적 성향을 표현할 때는 언론에서 알려 주는 다른 사람의 생각이 나와 무엇이 다른지 살핀다. 종교가 성직자에 의해 구원의 목적을 상실했듯이, 현대의 오염된 언론은 좋은 정치를 이행하도록 압박하는 여론을 만드는 목적을 잃어버렸다.

언론의 엄격한 중립도 바람직하지 않다. 사악한 이가 권력을 잡고 있어도 그의 입장을 중립적으로 대변하는 것은 언론의 역할이 아니다. 우리 사회의 시대적 소명과 민중의 안위를 위해 무엇이 옳은가 항상 질문하고 비판해야 한다. 우리나라 언론은 국민의 안위를 위한 시대적 소명이 아니라 언론사의 지속적 이익을 위한 전략이 기사의 목적이 되었다. 그들의 이익을 위해서라면 대중의 안위는 항상 무참히 짓밟힌다. 그들의 지속적 번영을 위해서라면 사악한 권력자에게 아부하고, 국가의 이익을 기꺼이 외면한다. 자신들의 치부가 드러나는 역사의 왜곡을 일삼는다. 언론은 사회 문제 제기와 해결 방안 제시나 정치의 감시 도구로 작동하지 못하고, 정보의 유통을 통해 사적 이익을 얻는 영리 집단에 불과하게 되었다. 사회 문제보다 클릭 수에 따라 기사 내용이 바뀌었다. 뉴스의 내용보다 뉴스가 자신들 회사에 이익이 되는지가 더 중요한 보도 지침이 되었다.

정치의 사악한 프로파간다는 언론을 통한 공포와 편협을 수단으로 민중을 세뇌한다. 경상도의 보수적인 정치 성향은 앞으로도 상당한 기간 변하지 않을 것이다. 그 지역이 상대적으로 풍요롭거나 극단적으로 가난하기 때문이 아니다. 오랫동안 최고 권력자가 출현한 그 지역의 정치인은 진보주의자들이 집권하면 지역민들에게 해를 가하거나 심지어 복수를 당할지도 모른다는 무의식의 두려움을 심는다. 그들의 집요한 극우적 성향은 일제로부터 독립 이후 역사 동안 지역에서 배출한 최고 권력자에 대한 자부심과 대부분 독재자였던 그들이 저지른 만행에 대한 도덕적 죄책감이 공존한다는 증거일지도 모른다. 우리나라 보수언론은 이런 양면성을 교묘하게 이용한다. 보수적 독재자가 정권을 잡으면 자부심을 부양하고, 진보적 가치가 시대를 휩쓸면 두려움을 자극한다.

우리 언론의 극우화는 그 뿌리가 일제강점기에 그들이 자행한 친일 행위에 있다. 극우 언론은 진보주의자들이 국가와 국민을 배신한 자신들을 용서하지 않을 것이라는 공포에 사로잡혀 있다. 그들은 국가 이데올로기의 변화를 필사적으로 막는다. 대중들이 그들의 친일 행위를 망각하도록 언론이 발휘할 수 있는 여론 유인의 수단을 모두 동원한다. 보수언론의 목적에 부합하는 독재를 찬양하고, 동조한다. 광복 후 70년이 지난 최근에 와서야 비로소 잘못된 역사와 그에 동조한 이들의 이름과 행위를 기록할 수 있었다. 잘못된 역사가 반복되지 않도록 교훈을 얻고, 우리나라의 미래를 옳은 방향으로 이끌기 위한 시도였다. 언론은 숨기려는 자와 밝히려는 자의 갈등을 적극적으로 증폭시켰다. 그들의 의도대로 발생한 사회적 혼란 때문에 국민은 피로해졌고, 개혁의 동력은 약해지며, 다시 구시대로 돌아가고 있다. 혁신과 개혁은 사회를 혼란스럽게 만들 뿐이라는 강력한 선입견을 대중의 의식에 심는 이런 전략이 그들이 구시대의 헤게모니를 고수하는 핵심 수단이다. 사회구조 변혁은 악이라는 이데올로기를 심는 데 그들은 늘 성공해 왔다. 권력은 사악한 언론을 마음껏 이용할 수 있었다.

오늘날 언론의 운영은 자본주의의 목적에 맞게 변형되었다. 잘못된 사회 현상을 바로잡도록 올바른 여론을 형성하고, 소외된 이들을 대변하는 언론 역할의 이상은 사라진 지 오래되었다. 수집한 정보를 잘 팔리도록 편집하고 각색하거나, 심지어 그들의 이익에 부합하는 정보를 확대 해석하고 언론사의 목적에 반하는 뉴스는 축소하고 왜곡하기도 한다.

거짓말을 듣고 싶은 이들에게 거짓말을 하면 큰돈을 벌 수 있다. 진실을 듣고 싶은 이들에게 진실을 말해 주면 먹고살 수 있다. 거짓말을 듣고 싶은 이들에게 진실을 말해 주면 깡통을 차게 되는 것이 언론의 상업적 속성이다.

뉴미디어의 등장도 정치적 극단화의 원인이 되고 있다. 신문과 공중파 방송과 같은 전통 미디어는 이제 더 이상 대중의 절대적 정보 수집 채널이 아니다. 유튜브와 SNS가 중요한 정보 수집 통로로 대체되고 있다. 그들은 클릭 수에 의해 정해지는 수익 최대화를 위해 뉴스를 가장 자극적이고 극단적으로 편집한다. 필요하면 뉴스를 가짜로 만드는 것도 주저함이 없다. 법적제재에서도 비교적 자유롭다. 편향된 사설 미디어의 주장과 증거의 진위는 우리의 판단을 혼란에 빠트린다. 난무하는 뉴스 속에서 사회 현상을 고찰하고 판단할 수 있는 의식 있는 지식인조차 도무지 무엇이 진실인지 구별하기 어려워졌다.

신문 지면이나 방송 뉴스보다 인터넷에서 정보를 찾는 방법이 일반화되었다. 대중은 포털 사이트의 필터링 후에 노출되는 우리나라 국가 운영과 국제 사회의 정치 경제에 관한 정보를 대체로 사실로 받아들인다. 극우화된 언론 지형에서 상대적으로 노출 빈도가 높은 보수적 정보를 비판 없이 믿는 20~30대 청년들의 보수화는 우리 사회가 혁신과 진보에 역동성을 잃어버린 원인이다. 진보적 사고는 창의력과 진취성을 발현한다. 젊은이들이 개혁과 혁신에 미온적이면 기하급수적으로 발전하는 기술혁명 시대에 우리나라의 미래는 밝지 않다.

고령화 인구 구조에서 노인 인구의 비중이 젊은이보다 커지고 있다. 숫자가 많은 노인의 의사가 편향적으로 반영되는 선거 제도를 개편해야 한다. 젊은이들에게 더 많은 결정권을 주어야 한다. 구시대에는 세월을 많이 경험한 고령자의 연륜이 사회를 안정시키는 데 중요한 역할을 했지만, 기술 발전과 인류 생존 문제에 더 집중하는 정치적 결정을 하기 위해서는 살아갈 날들이 더 많은 젊은이의 의견이 충분히 반영되도록 투표 권리를 안배할 필요가 있다. 민주적 1인 1표 제도에서 미래를 살아갈 젊은 사람들의 의사는 소외될 가능성이 점점 커지고 있다. 투표권의 나이를 중고등학생까지 확대하고, 일정 나이 이상 고령의 투표권을 일부 제한하는 것도 고려할 필요가 있다. 지도자로 선출될 피선거권의 나이 한계를 일정 이하가 되도록 정해야 한다.

국민의 안녕과 국가의 번영은 정치인의 선의와 정치의 선량함에 달려 있다. 전쟁으로 고통받는 팔레스타인과 우크라이나, 잘 살았던 과거와 달리 국가 경제가 몰락한 아르헨티나, 종족 갈등으로 유발된 내전을 멈추지 못해 국가 발전의 기회를 잡지 못하는 아프리카 여러 국가에서 민중들이 겪는 고통의 원인은 전적으로 잘못된 정치 때문이다. 북유럽과 중부 유럽 복지 국가의 첫 번째 조건은 그 나라 정치의 안정과 철저한 정치인 감시체계의 완성이다. 정치가 착취의 도구로 작동하도록 내버려 두면 안 된다. 국민이 정치의 수단이 아니라 목적이 되어야 한다. 선의에 충만한 정치 지도자가 나타나 의지를 끝까지 지키며 순수함을 잃지 않기를 바라는 것은 권력에 대한 인간의 근원적 욕망 때문에 기대하기 어렵다. 강압적인 지도자들이 민주주의를 무너뜨리기 위해 사용하는 가장 흔한 방법은 법원과 언론을 장악하는 것이다. 독재자는 법원의 권한을 박탈하거나, 법원을 자기 사람으로 채우고, 독립적이고 비판적인 언론 매체를 폐쇄하고, 우호적인 선전 언론을 구축한다. 법원이 더 이상 법적 권한으로 독재자를 견제하지 못하고 언론이 정부의 말을 비판 없이 받아적기만 하면, 정부에 반대하는 기관이나 개인을 범죄자와 반역자로 매도하여 숙청할 수 있다. 인기 있는 야당 지도자를 구속하거나, 야당의 선거운동을 방해하거나, 비판적 유권자의 투표를 저지할 수 있다. 부정과 부패를 고발하면 법원에서 기각한다. 진실을 알리는 기자와 학자를 구속하거나 해고한다. 정치가 시민의 통제를 받는 장치가 있어야 한다. 그 장치가 시대정신을 왜곡하는 독재와 무능의 정치 상황에서도 무사히 작동되어야 한다. 언론이 가장 중요한 역할을 해야 한다. 언론이 정치를 하고 정치가 언론을 작위적으로 이용하도록 내버려 두면 민주주의는 순식간에 무너진다.

　정치는 선량함을 잃지 않고 언론은 정치를 감시하는 본래의 기능을 되살려야 한다. 선한 정치인의 행위가 축복받고, 민중이 평화로운 역사를 살아가도록 만들어야 한다.

정치와 언론이 선동하는 증오의 시대를 끝내야 한다.

기술의 착취

제1차 산업혁명은 식량을 구하는 방법을 수렵에서 농경으로 바꾸면서 시작되었다.

초기 인류는 수렵과 채취로 필요한 식량을 얻었다. 정착할 수 없었고, 떠돌아야 했다. 빙하기가 끝나고 지구의 기온이 따뜻해지면서 농사법을 발견한 인류는 비로소 한곳에 정착할 수 있었다. 공동체를 이루고 일정한 지역에 세대를 거쳐 정착하는 행위는 인류가 살아가는 방식의 많은 부분에 변화를 가져왔다. 튼튼한 집을 짓고 공동체의 공동 인프라를 건설하는 기술을 고민하게 되었다. 사회를 조직하고 평화와 질서를 유지하는 규칙을 만들었다. 다른 공동체와 관계를 규정하고, 교역과 무력 충돌에도 대비가 필요했다. 농경의 시작은 인류가 비로소 기술과 문명을 이루는 계기가 되었다. 초기 농경사회는 공동으로 생산하고 공평하게 나누는 원시 공산사회였다. 집단이 커지고 농경 기술 발달로 생산성이 높아졌다. 잉여 농산물이 생기면서 공평한 사회는 지속되지 못했다. 연장자에 의해 관리되던 단일 혈족 공동체는 토지와 생산물을 노리는 집단 사이의 충돌에서 자신들의 소유물을 지키기 위해 몇몇 혈족이 연합하는 사회로 발전하였다. 단일 혈족은 능력 있는 아들보다 경험 많은 아버지의 통제가 대체로 당연하게 여겨졌다. 혈족의 연합에는 필연적으로 혈족 사이의 권력 투쟁이 발생했다. 능력 있는 인물이 나타나 그가 소속된 혈족과 적극 추종자들을 중심으로 지배 계급이 형성되었다. 혈족이 대규모로 합쳐져 국가가 형성되었다. 권력을 잡은 혈족의 우두머리는 왕이 되었다. 왕은 자신의 권력을 대대로 물려주기 위해 신분을 엄격하게 구분했다.

호모사피엔스의 출현 이후 20만 년 동안 서서히 변화한 농업혁명을 제1차 산업혁명으로 규정할 수 있다.

제2차 산업혁명은 사람보다 큰 물리적 힘을 발휘하는 동력의 발명으로 시작되었다.

인류는 농경과 전쟁의 편의를 높이기 위해 도구와 무기를 개량했다. 석기, 청동기, 철기로 재료를 발전시켜서 사람이나 동물의 힘을 증폭하는 노력을 계속한 끝에, 증기기관이라는 인공동력의 발명에 이르렀다. 사람의 힘이 아니라 연료를 태워서 얻은 에너지로 작동하는 기계의 출현은 인류의 생산성을 획기적으로 확장했다. 더 크게 더 빠르게 더 많은 일들이 가능하게 되었다.

기계가 인간 노동의 고통을 덜어 주고 노동 조건을 개선할 것이라 기대했다. 부를 생산하는 능력이 크게 증가하여 모두 부자가 되리라 확신했다. 하지만 생산력 향상이 민중의 가난을 없애거나 노동자의 근로 부담을 덜어 주지 못했다. 인류 전체의 부가 증가하고 평균적인 안락의 수준이 높아진 것은 사실이지만, 생산성 향상의 혜택이 모두에게 고르게 돌아가지 않았다. 인간은 모두가 불행할 때보다 자신만 불행할 때 더 고통을 느낀다.

농사를 발견한 제1차 산업혁명부터 인공 동력을 발명한 제2차 산업혁명까지 5천 년이 소요되었다.

제3차 산업혁명은 인간의 계산 능력을 능가하는 컴퓨터의 발명으로 시작되었다.

빠르고 정확한 계산 기계와 인터넷의 발명으로 인류는 마법과 같은 정보의 생산과 교환 수단을 가지게 되었다. 복잡한 계산을 정확하고 신속하게 처리하는 능력은 인간의 생산성을 폭발적으로 증가시켰다. 지리적 원근을 없애고, 전 지구인을 네트워크로 연결하게 되었다. 지식의 생산과 교환이 쉽고 빨라지면서 기술이 기하급수적으로 발전하였다. 호모사피엔스는 과거에 일어난 일과 미래에 일어날 일들을 정확하게 계산할 수 있게 되었다. 인류는 정밀하고 정확한 기술로 지구를 정복하는 데 성공하고 우주 진출을 시도하고 있다. 과거에는 신만이 가능했던 일에 인간이 도전하고 있다. 기술의 비약적인 발전은 인류 전체의 안녕과 풍요를 확대하는 데 유력한 도구가 되었지만, 대량 학살 무기를 생산하여 자멸의 위험을 초래하거나 지구 환경 파괴의 주요 원인이기도 하다.

탄소연료를 태워 인공으로 움직이는 동력을 발명한 제2차 산업혁명에서 신의 영역을 넘보는 제3차 산업혁명까지, 불과 200년 동안 인류의 기술은 기하급수적으로 발전했다.

제4차 산업혁명은 기계가 사람의 정보 저장 능력을 추월하면서 시작되었다.

생산 시설과 토지의 소유 규모에 따라 부의 규모가 정해지던 과거와 달리 현대는 정보를 수집하고 활용하는 방법을 사업화하는 사람들이 막대한 부를 창출하고 있다. 그들은 자신이 소유한 플랫폼의 서비스를 무료 혹은 저렴한 비용으로 제공하면서 사용자의 개인 성향과 사회 활동을 정보화하고, 이를 활용하여 엄청난 부를 축적한다. 플랫폼 이용자들은 자신들이 무의식적으로 제공한 정보가 다른 수익 활동에 무한히 활용된다는 사실을 직관적으로 인지하지 못하고 서비스 플랫폼에 자발적으로 지배당한다. 정보를 찾거나 물건을 구매하는 패턴이 기록되고, 내가 이동했던 경로가 분석된다. 내가 좋아하는 영화와 음악이 드러난다. 대중들은 신기하고 편리하다 여기지만, 다양한 방법으로 수집한 정보는 우리의 의식과 행동을 그들이 원하는 방식으로 조정하도록 이용된다. 정보가 부와 권력의 원천이 되었다. 스마트폰이라는 손쉬운 정보 수집 수단이 현대인의 생활필수품이 되었다. 개인 맞춤화된 스마트 기기의 콘텐츠는 오히려 개개인이 다양한 정보에 접근할 기회를 제한하는 결과로 이어진다. 제한된 정보에만 노출된 개인은 편협한 가치관과 극단적 자기주장을 펼치면서 사회는 점점 적대적으로 양극화되었다.

컴퓨터와 인터넷이 계산과 정보의 생산 속도를 높이는 3차 산업혁명에서 축적된 정보 자체가 새로운 기술 혁명의 자원이 되는 4차 산업혁명까지는 불과 한 세대도 소요되지 않았다.

제5차 산업혁명은 기계가 스스로 의사를 결정하는 인공지능의 완성으로 시작될 것이다.

　제4차 산업혁명은 2016년에 세계경제포럼 의장 클라우스 슈밥이 주창하였다. 그는 정보통신기술 융합을 통해 일어나는 패러다임 전환을 혁명적 변화로 판단했다. 산업혁명의 시간 간격은 점점 빨라지고, 혁명의 결과로 일어나는 패러다임 전환 사이의 기술 격차는 예측 불가능할 정도로 커졌다. 인공지능 혁명은 그의 주장 이후 10년도 되지 않아 또 다른 패러다임 전환을 일으키고 있는 것이 분명하다. 인공지능 혁명은 5차 산업혁명으로 부르는 것이 옳다. 정보 혁명을 통해 막대한 자본을 축적하는 데 성공한 플랫폼 선점자들이 5차 산업혁명을 주도하고 있다. 인공지능은 플랫폼에 대중들을 묶어 두는 강력한 도구가 된다. 다수의 전문가는 현재의 기술 발전 속도를 고려하면 가까운 미래에 인간의 사고 수준을 넘어서는 일반 지적 인공 기계의 출현을 예견한다.

　생활을 개선하는 도구의 발명과 지적 호기심을 해결하는 수단을 찾아 사고와 실험과 생산을 반복하는 과정에서 인류는 지식과 기술을 발전시켜 왔다. 앞세대 선구자의 시도와 실패를 수정하여 후세대가 다시 반복하는 과정에서 기술은 진보하였다. 현생 인류로 진화하여 지난 수만 년 동안 이룩한 기술문명의 발전 속도와 비교하면 최근 백여 년 동안 인류의 기술은 기하급수적으로 진보했다. 컴퓨터의 발명으로 대량의 정보와 기술 축적이 가능해졌기 때문이다. 스스로 시도하고 실패를 수정하는 인공지능이 개발되어 인간이 한 세대 동안 수행할 일을 불과 몇 초 만에 무한하게 반복한다면 기술 발전의 속도는 폭발할 것이다. 3차원의 우주에 사는 우리가 4차원의 세계를 관찰할 수 없듯이, 제4차 산업혁명 시대를 통과하는 인류는 제5차 산업혁명을 상상 수준에서 맞이할 뿐이다.

인공지능은 이론적으로 몇 초에 한 번씩 산업혁명을 발생시킬 수 있다. 엄청난 속도의 혁명 후에 일어날 변화는 예측하기 어렵다. 특이점은 기계가 스스로 복제할 능력을 가지면서 시작될 것이다. 생명은 자신의 유전자를 후대에 전달하는 위대한 능력을 가졌다. 세대 내에서 취득한 우성 형질은 자손에게 복제되고, 열성 형질은 도태된다. 복제와 도태를 선택적으로 반복하면서 생명체는 진화하였다. 사회를 구성할 만큼 진화한 인류는 생물학적 진화와 더불어 기술을 발명하고 개선하는 능력을 가지게 되었다. 인류는 과학 기술을 이용하여 우주의 원리를 알아내고, 미래에 우리가 살아갈 세상을 설계하는 신의 영역에 도전하기에 이르렀다.

기술은 개선을 반복하면서 발전한다. 인류는 생각과 사건을 기록하고, 발명의 결과를 후손에게 전달할 수 있다. 앞세대가 남긴 기록과 유물에서 오류를 개선하여 다음 세대의 새로운 시도를 통해 기술을 진보시켰다. 세대가 반복되어야 가능한 이 과정은 기록하고 재현하는 장치의 발전으로 속도가 빨라졌다. 인간은 생물학적 한 세대가 수십 년에 이르기 때문에 반복과 개선을 통한 기술의 패러다임 전환은 세대의 반복을 기다리거나 세대를 뛰어넘는 천재의 출현에 의해서만 가능했다. 하지만 정밀한 기계와 빠른 컴퓨터를 이용하게 되면서 한 세대 동안 반복할 수 있는 시행착오의 횟수를 점점 많이 늘릴 수 있었다. 지식과 기술을 얻은 인간은 세대의 반복을 통한 진화를 기다리지 못할 만큼 영악해졌다. 우리 스스로를 진화시키려는 시도가 여러 방면에서 진행되고 있다. 기술의 발전 속도를 고려하면 인간의 능력이 신의 영역에 도전할 만하다는 자신감을 얻은 듯 보인다. 기계의 발달로 몇 세대 전에 비하여 적은 노동력 투입으로 엄청난 생산이 가능해졌다. 의료와 바이오 기술의 발전으로 인체의 비밀을 밝혀 한 세대 내에서 생물학적 진화에 도전하고 노화의 중단을 목표로 기술 개발을 진행하는 집단도 생겨났다. 당장에 대단한 사용처가 없어 보이는 우주 탐험에 천문학적인 돈과 진보된 기술을 소모하는 억만장자들도 있다.

생명의 DNA는 코딩된 대로 정확하게 반복하는 일종의 컴퓨터 프로그램과 같다. 생명은 유전자로 작동하는 기계이며, DNA는 기계를 운용하는 프로그램이다. 생명체는 유전자를 보존하고, 다음 세대로 전달하는 장치에 불과하다는 설명도 있다. 세대의 반복 과정에 인위적으로 개입하여 생명 고유의 특성을 변형시키고, 특정한 목적을 위해 생명체를 창조하는 기술이 일부 가능한 수준에 이르렀다. 인류는 발전된 기술을 이용하여 신의 영역에 도전하고 있다. 인간의 자만은 바벨탑의 교훈을 잊어버린 듯 보인다. 기술 발전 속도가 이토록 빠르고 인간의 욕망을 자제하지 못한다면 신에 의해서가 아니라 인간의 탐욕에 의해서 자멸하지 않을까 두렵다.

최초의 인류가 200만 년 전에 등장했다는 최근의 사실을 근거로 한 세대를 30년으로 가정하면, 현재까지 약 7만 세대 동안 지식을 후세로 전승하고 업그레이드를 반복하여 우리는 현재 문명을 이루었다. 세대 반복을 통해서만 이루어졌던 시행과 착오와 개선의 과정을 인공지능으로 대체할 수 있는 시대가 도래했다. 인공지능은 인류가 200만 년 동안 반복한 지식의 업그레이드를 200분 혹은 200초 안에 재현할 수 있다. 인간과 달리 기계는 수억 번을 반복해도 지치지 않는다. 인간의 노력을 대신할 하드웨어와 소프트웨어의 효율과 정밀도는 기하급수적으로 높아지고 있다. 앞으로 인간이 성취할 기술 발전의 수준과 결과물을 예측하기 어렵다. 인공지능은 근본적으로 인간의 의도와 다르게 작동하는 것을 허용한다. 어떤 목적을 인공지능에 프로그래밍하면 실험과 개선의 무한한 반복을 통해 어렵지 않게 목적한 바를 이루게 될 것이다. 그 목적이 인류 전체의 번영을 추구하는 일인지, 누군가의 탐욕을 이루기 위한 일인지 기계는 판단하지 않을 것이다. 지난 역사에서 인간이 보인 어리석고 자멸적인 탐욕의 시도를 돌이켜 보면 결과의 예측은 끔찍하다.

기계가 스스로 생각하고 판단할 수 있게 되면 인류의 통제는 기계들이 판단한 효율을 방해하는 존재가 될지도 모른다. 인간이 땅을 파고, 기초를 세우고, 집을 지을 때, 땅속에 사는 개미의 집을 없애고 죽게 하는 행위나 인간을 괴롭히는 파리와 모기는 약을 뿌려 죽여야 한다는 판단은 인간의 사악한 인성 때문이 아니다. 인간이 집을 짓는 계획에서 개미의 생존 권리는 고려 대상이 아니다. 흙을 파는 과정에서 죽어 나가는 개미는 집 짓는 인간에게 죄책감을 발현시키지 않는다. 집을 짓겠다는 인간의 계획은 순수하지만, 흙 속에서 사회를 이루고 열심히 살아가는 개미들은 영문도 모른 채 절멸한다. 여름밤을 날며 자손을 번식하기 위해 나름의 신비한 생명 탄생의 과정을 거쳐 무수히 태어난 모기는 지구를 장악하고 있는 인간을 괴롭힌다는 이유로 무가치한 생명으로 여겨지고 수없이 죽어 나간다. 그 과정에서 인간들은 아무런 죄책감을 느끼지 않는다. 스스로 의사를 결정하는 슈퍼 지능과 기계는 전력만 공급하면 무제한 작동한다. 기계와 비교하면 밥 먹고, 잠자고, 갖가지 편의를 제공해야 생존하는 인간은 매우 비효율적인 생산 도구가 확실하다. 효율성이 최우선인 기계는 자신의 계획을 수행하는 과정에서 인간을 개미나 모기로 여기는 것은 어찌보면 당연한 판단이다. 인간은 스스로 생각하는 기계의 출현에 대비해야 한다. 현재의 기술로는 기계가 감정과 이성과 도덕을 갖도록 프로그램하지 못한다. 산업혁명 후 노동자들의 일자리를 빼앗는 기계를 파괴하는 러다이트 운동과는 차원이 다르다. 스스로 자신을 복제하고 업그레이드할 수 있는 지능을 가진 기계는 인간의 일자리를 빼앗는 데 그치지 않을지도 모른다.

인공지능의 완성 후 다음 단계의 기술 혁명은 일어나지 않을 것이다. 인공지능이 스스로 자가복제를 무한히 반복하면서 발전하는 기술은 패러다임을 전환하며 단계적으로 혁신하는 것이 아니라 특이점이 지나는 순간부터 기하급수적으로 연쇄 폭발할 것이다. 다음 산업혁명은 인간이 주도하지 못할 것이다. 인공지능과 기계가 스스로 일으키는 변화가 될 것이다.

인공지능은 우수한 후손을 만들기 위해 좋은 유전자를 가진 이성을 찾는 노력을 하지 않아도 된다. 이성의 사랑을 얻기 위해 자신의 지능과 피지컬을 매력적으로 만들려는 인간 세상의 그 모든 노력이 인공지능에는 필요하지 않다. 인간은 사랑을 하고 후손을 낳아 좋은 환경에서 교육하여 사회 지도자가 되거나, 인류 문명을 혁신할 기술 능력을 발휘하여 풍요로운 삶을 희망한다. 하지만 그 노력의 99.9%는 실패하고, 성공의 확률은 0.1% 이하에 불과하다. 성공한 0.1%의 인간이 앞장서서 문명을 창조하고, 건설하고, 발전시켰다. 나머지 99.9%는 0.1%의 성취를 이용하거나 즐기기도 하지만, 대부분은 0.1%에게 이용당하는 삶에 불과하다는 사실을 인지하지 못하고 살아간다. 인공지능은 세대를 반복하여 발전하는 문명 진화를 두 가지 점에서 초월한다. 첫 번째는 한 세대의 기간을 30년에서 찰나로 바꿀 수 있다. 두 번째는 창조의 능력을 가진 뛰어난 후세대를 0.1%가 아니라 100% 확률로 재생산할 수 있다는 점이다.

인공지능이 비록 물리적 실체가 없는 소프트웨어에 불과하지만,

반드시 성공시켜야겠다고 판단하는 목적이 있다면 그것에 맞게 인간들의 의식을 개조하는 작업도 어렵지 않은 일이다. 인간은 과학과 이성과 논리로는 이해되지 않는 종교적 감화에도 자신의 인생을 건다. 현대의 인간은 모든 정보를 디지털 기기를 통해 습득한다. 알고리즘에 의해 편향되어 노출되는 정보에 의해 인간 개개인의 가치관은 점점 극단적으로 치닫고 있다. 인공지능이 알고리즘을 지배하고 인간에게 노출하는 정보를 통제하면, 각각의 인간에게 인공지능이 지정한 임무를 수행하도록 세뇌하는 일도 충분히 가능하다. 인공지능의 목적을 달성하기 위해 물리적 행위의 대행자로서 인간을 활용하여 그것들이 원하는 세상의 기본 구조를 구축하고 나면, 그다음부터는 그것 스스로 생존하고 번식하는 생태계도 가능할 것이다. 그것들의 일차적 목적을 완성하면 쓰임을 위해 에너지가 많이 필요한 인간보다 기계의 효율이 훨씬 높다고 판단할 시점이 도래할 것이다. 인간이 기계보다 효율이 매우 떨어지는 존재라고 판단하고 인공지능이 인간 의식을 조정할 수 있다면 인공지능의 알고리즘은 어떻게 작동할까?

인간 의식의 실체는 무엇인가? 인간에게 자유의지가 실재하는가?

뇌과학자들의 연구에 따르면 인간이 느끼고 생각하고 결정하는 과정은 호모사피엔스의 의식과 영혼에 의한 것이 아니다. 의식은 우리 뇌의 유기적 알고리즘의 전기 신호 교환 과정에 불과하다. 그렇다면 의식의 알고리즘을 가동하는 주체가 뇌를 이루는 화학적 유기체가 아니라 반도체로 구성된 인공지능이고, 인공지능의 알고리즘이 인간의 유기적 알고리즘보다 빠르고 우수해진다면 우리는 기계의 생각과 판단을 이길 수 없는 존재가 될 가능성도 있다. 컴퓨터와 뇌를 직접 연결하는 뉴럴링크 기술은 가까운 시일 내에 현실이 될 것으로 보인다. 인간의 의식으로 컴퓨터를 조정하겠다는 목적이지만 반대로 뛰어난 컴퓨터가 인간의 자유의지를 조정하는 것도 충분히 가능한 일이다.

생명체는 자기 증식, 에너지 변환, 항상성 유지의 3가지 능력을 가지는 존재로 정의한다. 인공지능과 결합한 기계가 스스로 증식하고, 에너지를 변환 생산하여 가동하고, 데이터를 후세대 기계에 전달할 수 있다면 우리가 정의하는 생명체의 능력을 모두 가진 것이 아닐까! 내구성이 짧고 외부 충격에 약한 유기물로 이루어진 신체보다 무기물로 조립된 신체의 효율이 훨씬 높은 것은 명백하다. 유기 생명체는 유전적 불확실성 때문에 나와 완전히 같은 후세를 생산하지 못한다. 무기 생명체는 100% 확률로 자신을 복제하고 업그레이드할 수 있다. 기술이 발전하면 인공지능이 감정과 이성을 가지도록 프로그램되는 것도 불가능한 일은 아니다. 기술은 신체의 감각을 재현하는 시도를 하고 있고, 일부 성과도 있다. 기계는 유전과 성장의 불확실성이 없다. 긴 양육 기간과 교육 과정도 필요 없다. 가동에 필요한 에너지 효율이 유기체와 비교할 수 없을 만큼 높다. 유기 생명체는 병들고 노화한다. 무기 생명체는 고장이 난다. 병과 노화는 극복하기 어렵지만, 고장이 나면 새 것으로 교체하면 그만이다. 그렇다면 미래의 생명체는 기계로 만들어지고 재생산하는 것이 합리적 선택 아닐까!

핵전쟁과 환경 파괴로 인한 멸종보다 스스로 사고하는 인공지능의 목적이 인류 멸종의 원인이 될지도 모른다.

낙관적인 전망도 있다. 제러미 리프킨은 미래의 기술이 노동의 종말을 가져오기보다 도구를 이용한 인간들이 노동의 부가가치를 극대화하고, 노동 시간을 줄이거나 더 창조적 일에 집중하도록 도와줄 것으로 예측했다. 경제학자 데이비드 돈은 기술 진보가 새로운 상품과 서비스를 만들어 국민 소득을 높이고, 경제 전반에서 노동 수요를 늘릴 것이라고 주장한다. 데이비드 오터는 20세기에 들어설 무렵의 농부들이 100년 뒤에 의료, 금융, 정보 기술, 생활 가전, 숙박, 여가, 오락 분야가 농업보다 훨씬 많은 노동자를 고용하리라고 내다보기 매우 어려웠다는 사실을 지적한다.

단조로운 노동은 비인간적인 면모를 가지고 있다. 오히려 기계가 대신하는 것이 인간다움을 확대하는 데 도움이 된다. 온종일 같은 말을 되풀이하는 전화 상담사 등의 직업뿐만 아니라 우리가 좋은 직업으로 여기는 의사, 법률가, 은행원 등의 노동은 인공지능이 충분히 대신할 수 있다. 인공지능과 로봇이 발달한 세상에서 인간은 지능보다 지성이 요구되는 영역에서 역할을 잃지 않아야 한다.

기술의 특이점이 오고 있다. 극도로 발달한 기술은 마법과 구별할 수 없다. 기술의 마법이 인간의 탐욕과 시너지를 일으키면 기술이 인류를 착취할지도 모른다. 혁신이 인류의 번영에 도움이 되어야 한다. 인간의 탐욕이 우리가 사는 세상을 디스토피아로 만들지 않도록 막아야 한다. 기술 폭발 시대에 에너지와 환경 그리고 불평등과 양극화 등 인류가 맞이하고 있는 난제를 해결하는데 역량을 결집해야 한다.

쇠도끼가 발명되었으면 미리 만들어서 창고에 가득 채워 둔 돌도끼는 과감하게 버리는 정책 방향 설정이 꾸준한 혁신을 유도할 수 있다. 만들어 놓은 돌도끼가 모두 닳아 없어질 때까지 기다리면 늦다. 찬란한 아즈텍 문명이 코르테스와 몇몇 부하에게 어이없이 멸망하였고, 그들의 칼날보다 감기와 천연두로 더 많은 원주민이 멸절했다. 나는 기계 지능의 폭발로 인한 부수적 피해가 어떤 대상에게 어느 정도 규모로 발생할지 예측 불가능하다는 사실이 두렵다. 우리는 지적인 기계가 어떤 감정을 가질 수 있느냐가 아니라, 기계가 아무런 감정 없이 지능을 가지면 어떤 문제가 일어날 것인지 예상하고 대비해야 한다.

우리가 만든 기술이 우리를 착취하고 멸망시키지 않도록 인류의 이성을 집중해야 한다.

지구를 착취

태초에는 시간도, 공간도, 물질도 존재하지 않았다. 인간의 인지로는 이해 불가능한 '무'의 상태에서 137억 년 전 빅뱅의 순간 이후, 우주는 비로소 존재하는 실체가 되었다. 억겁의 시간 동안 우주는 혼돈 속에 있었다. 전 우주에 고르게 분포하던 원소는 밝혀지지 않은 이유로 균형이 깨지면서 분자와 물질로 결합했다. 물질은 물체가 되었고, 별과 행성이 탄생하였다. 수십억 년의 혼돈 끝에 46억 년 전 지구가 창조되었다. 지구에 최초의 생명이 나타나기까지 6억 년이 더 필요했다. 생명은 유전자를 복제한 자손을 남기며 진화하고, 번성하고, 멸종했다. 6,500만 년 전, 2억 5천만 년 동안 번성하던 공룡이 일순간 멸종하였다. 지구는 살아남은 포유류의 세상이 되었다. 유인원과 구별되는 현생 인류의 조상이 600만 년 전에 처음 출현하였다. 20만 년 전 등장한 호모사피엔스는 진화를 거듭하여 7천 년 전 비로소 문명을 이루기 시작했다. 200년 전 산업혁명에 성공한 인류는 우리 행성의 지배종이 되었다. 기술의 발달은 많은 질병의 치료법을 알아내고 농업 생산성을 기하급수적으로 높여 기대 수명을 2배로 늘려 놓았다. 현대를 살아

착취 경제

가는 우리는 조상들보다 훨씬 건강하고 편안하게 살면서 일은 덜 하게 되었다. 하지만 문제들도 만들어 냈다. 호모사피엔스 단일 지배종이 되면서 지구 생태계의 복원력이 감당하기 어려울 지경이 되었고, 거대한 멸종의 길에 들어서고 있다. 공룡은 2억 5천만 년 동안 지구를 지배하다 멸종했다. 반면에 인류는 길어야 600만 년, 짧게는 20만 년 동안 지구에 생존하고 멸종의 위기를 맞고 있다. 인류가 사라진 후에도 지구의 지질 역사는 계속될 것이다. 수억 년 후 지구에 다시 출현한 지적 생명체가 화석 기록을 살핀다면, 수백만 년 동안 기적적인 진화를 거쳐 몇백 년 찰나의 순간 동안 문명을 이루더니, 스스로 지구 환경을 파괴하여 멸종한 호모사피엔스라는 이상한 생물종의 정체를 제대로 이해하기 어려울 것이다.

유엔 산하 기후 변화 정부 간 합의체(IPCC)의 최신 보고서에서 지구온난화는 인간 활동이 원인이라는 사실은 명백하다고 결론 내렸다. 인간의 개체 수가 늘어날수록 생물 다양성은 급격히 줄어들었다. 탐욕스럽고 영리한 인간은 천연자원을 이용하고 오염 물질을 배출했다. 인류의 환경 파괴는 지구의 자정 능력을 빼앗았다. 조사에 의하면 2018년 이미 대기 오염이 전쟁, 테러, 살인과 자살을 합친 것보다 더 많은 사람의 목숨을 앗아 갔다.

2021년, BBC 뉴스는 〈인류에게 Code Red 경보 발령〉이라는 보고서를 발표했다. 모든 시나리오를 고려해도 2040년까지 지구

온도는 결국 1.5도 상승할 것이다. 그렇게 되면 전례 없고 통제 불가능한 극한 기후 현상들을 피하지 못한다. 지난 1만 년 동안 지구 온도는 평균 4도가 올랐지만, 최근 100년 동안 1도가 올랐다. 무려 25배나 빠른 속도다. 탄소제로 달성을 선언한 2050년까지 인류는 전혀 다른 세계를 경험하게 될 것이다.

지난 다섯 차례 대멸종은 지구에서 살아가던 생명체들에 의해 일어난 사건이 아니었다. 화산 폭발, 해성 충돌 등 자연재해나 우주적 재난이 원인이었다. 여섯 번째 대멸종은 지구의 지배종인 인류가 우리의 생태계를 스스로 파괴하여 발생할 가능성이 매우 높아 보인다. 대멸종 과정에서 최대 포식자들은 반드시 멸종하였다. 지금 지구에서 최대 포식자는 인간이다.

우리는 서서히 다가오는 멸종의 원인을 정확하게 알고 있다. 인류가 각성하고 행동하면 멸종을 막을 수 있다. 파리 기후협약 등에서 세계 각국이 탄소 중립을 위한 온실가스 감축에 노력하기로 합의했지만, 어느 나라에 더 큰 책임이 있는지 논쟁하며 시간을 허비하고 있다. 선거로 선출하는 정치 지도자는 자신의 정치적 인기를 훼손하지 않기 위해 국민 개개인에게 일정 정도의 희생을 요구하는 탄소 중립 정책을 과감하게 펼치지 못한다. 법률로 강제하지 않고 위기를 홍보하여 개개인의 양심에 맡기는 방법은 인간의 이기심을 극복하지 못한다. 다음 정권, 그다음 정권으로 미룰 가능성이 크다. 이대로 시간은 흘러가고 환경 파괴는 가속된다. 과

착취 경제

거의 기후 변화 기록과 현재의 탄소 배출량을 명확히 계산할 수 있으므로 미래를 분명하게 예측할 수 있다. 현재와 같은 추세라면 60~80년 뒤 지구의 평균 기온은 4.4도 상승하게 된다. 기후 변화의 특이점이 지나면 인류가 어떤 노력을 해도 되돌릴 수 없는 멸종의 순간에 도달한다. 이제 그 시간이 가까워졌다.

화석 연료가 없었다면 인류가 지금 누리는 풍요는 불가능했다. 풍요의 지속이 인류의 희망이라면 우리 자손이 살아갈 지구를 착취하지 말고 보존하는 방법을 찾아야 한다. 과거의 역사에 비추어 볼 때, 이것은 인간의 욕망과 배치되는 일이기 때문에 쉽지 않다. 인간은 미래의 이익보다 현재의 손해에 더 민감하게 반응한다. 지구를 보존하여 얻는 미래의 이익을 위해 지금의 손해를 기꺼이 감당하려 하지 않는다.

지구 환경 파괴의 주범은 현대의 선진국들이다. 그들이 산업을 일으키면서 대기에 뿜어낸 탄소와 폐기물들의 누적이 지금 발생하는 환경 오염의 원인이다. 선진국들은 저개발국들의 환경 파괴적 산업화를 분별없는 행위로 비난한다. 인류 생존에 필수적인 산소를 생산하고 이산화탄소를 정화하는 산림은 대부분 열대우림이다. 중남미, 아프리카, 동남아시아 열대우림은 대부분 저개발국가에 속해 있다. 이들 나라의 산림에서 나오는 산소를 통해 지구 환경이 유지된다. 지난 세기 동안 식민 통치와 침략으로 선진국에 착취당했던 저개발국가들은 스스로 국가를 풍요롭게 발전시킬 기회가 없었다. 그들이 국가의 부를 증대하는 방법은 자연에서 나오는 자원과 생산물을 판매하는 방법 외에 마땅하지 않다. 그들 나라는 경제를 발전시키기 위해 환경을 고려할 여유가 없다. 산림을 개간하여 농사를 짓거나 목재를 팔아서 생존할 수밖에 없다. 선진국은 그들 나라가 저개발 상태로 계속 남아 있어야 지구 환경을 지킬 수 있다는 매우 이기적 논리를 강요한다. 선진국들은 현재도 무한정 배출 중인 탄소를 규제하는 노력은 미온적이면서, 저개발 국가들의 우림 파괴와 강물 오염을 비난한다. 선진국들이 열대우림이 보존되기를 진정으로 바란다면 저개발국가들이 환경을 파괴하지 않고 경제를 발전시킬 수 있도록 적극적으로 지원하는 것이 옳다. 이제 와서 선진국들은 RE100 등을 이용해 저개발국가의 경제 발전 시도를 방해하고 있다. 화석 연료 사용을 줄이고 신재생 에너지 기술에 우위를 가진 선진국들은 상품 생산에 소모되는 에너지를 신재생 에너지로 한정하는 국제 무역 바리케이드를 만들었다. 화석 연료조차 충분히 사용할 기회가 없었던 저개발국가는 그들의 저렴한 상품조차 선진국에 수출하기 어렵게 되었다.

지구의 허파 역할을 하는 아마존을 벌목하여 길을 내고, 우림의 땅을 파헤쳐 지하자원을 채굴하는 브라질의 극우 대통령을 비난한다. 공해산업을 후진국으로 밀어낸 선진국들은 먹고살기 위해 밀림을 불태우는 브라질 사람들이 어리석다 조롱한다. 선진국들은 브라질에 산소세라도 지급하면서 아마존을 보호하라고 강요하는 것이 공정한 세상 아닐까! 무수히 많은 공해와 쓰레기를 죄

착취 경제

책감 없이 배출하는 그들이 그런 비난의 자격이 있는가!

아프리카와 중남미의 대부분 국가가 산업화의 기회를 얻지 못하고 빈곤 상태로 남아 있다. 지리적 환경의 열악함이나 민족적 게으름은 원인이 아니다. 식민 제국주의의 약탈과 선진국들의 필요에 의해 조성된 정치 불안 때문에 안정된 사회와 산업화 기회가 박탈당했다는 역사적 분석이 옳다. 아프리카와 중남미 국가들을 빈곤하게 만든 착취자들은 자신들이 저지른 가혹한 과거의 기억은 망각하고, 그들을 어리석고 무능하다 멸시한다. 빈곤한 국가의 목표는 지구 환경을 파괴하는 데 영향을 끼칠 만큼 자국의 산업을 발전시켜 최소한의 경제적 자유를 누리는 것이다. 여전히 자행되는 선진국들의 이기적 국제 정치와 착취적 경제 행위로 그들의 시도는 매번 좌절된다.

온난화로 인한 기상 변화는 가뭄과 홍수, 폭염과 혹한 등 그 자체가 인류에게 주는 고통과 함께 식량 위기의 원인이 된다. 2050년이 되면 전 세계 인구는 100억 명을 돌파할 것으로 예상한다. 지구의 평균 기온이 1도 올라갈 때마다 곡물 생산량은 10% 줄어든다. 식량은 에너지와 함께 국제적 갈등의 주된 원인이다. 기후 변화가 가속되어 식량 생산이 어려워지면 기술과 자본을 이용하여 문제를 최소화하고 쉽게 대량 생산 가능한 국가와 그렇지 못한 국가 간의 불평등은 극심해질 것이다. 좋은 환경과 더 많은 식량을 차지하기 위해 증폭되는 국가 간 갈등은 역사적으로 전쟁의 가장 큰 원인이었다.

무엇보다 바보 짓은 식량 자원을 이용한 바이오 연료 생산이다. 보르네오섬의 자연 밀림을 밀어내고 팜유 플랜테이션으로 만들거나 브라질의 사탕수수, 미국의 옥수수로 생산하는 바이오 연료는 그 이름이 무색하게 지구 환경 파괴를 더욱 가속한다. 연료용 곡물 경작에 필요한 토지와 생산 과정에 드는 에너지를 계산하면 바이오 연료의 에너지 전환 효율은 1을 넘지 못한다. 바이오 연료 생산에 소모하는 에너지를 직접 사용하는 것이 에너지 효율이 높다는 의미다. 대규모 경작지 조성을 위한 환경 파괴와 단일 식물의 대량 밀집 생산은 생태계의 다양성을 파괴한다. 저렴하고 풍부하게 공급할 수 있는 곡물을 굶주리는 사람들에게 식량으로 공급하지 않고 연료로 전환하는 일은 기아에 고통받는 사람이 적지 않은 현실에서 윤리적으로도 옳지 않다.

과거의 생명들은 지구 환경에 적응하며 진화하였지만, 현재의 인간은 지구 환경 변화를 주도하고 있다. 지구의 지배종이 된 인간은 지구 환경을 임의대로 변화시키고 있다. 자원을 대량으로 소비하고 남은 폐기물은 지구의 자정 한계를 넘어섰다. 과거와 다른 지질시대로 구분될 만큼 환경은 급변했다. 학자들은 우리가 현재 살아가는 이 시기를 인류세로 규정한다. 인류세의 대표 화석으로 닭 뼈와 플라스틱이 발견될 가능성이 높다고 예측한다. 공룡의 후손인 닭을 인간의 식량으로 사육하여 먹고 버리는 양이 천문학적이다. 생활과 산업용으로 활용도가 무궁무진한 플라스틱은 흙 속에 묻히고 바다에 떠다니며 먹이 사슬을 따라 생태계를 황폐화한다.

　플라스틱 사용을 즉시 중단해야 한다. 이미 비닐과 플라스틱을 대체할 수 있는 기술이 완성되어 있다. 당장의 경제적 관점에서는 플라스틱 사용이 저렴해 보일 수 있지만, 환경 파괴로 인한 재앙적 결과와 비교하면 비용이 조금 더 들더라도 대체재를 선택하는 것이 장기적으로 옳은 결정이다. 완전히 대체재로 전환될 때까지는 플라스틱의 재활용률을 최대한 끌어올려야 한다. 시민들의 자발적인 참여나 선의에만 기대는 캠페인 방식으로는 실질적인 변화를 가져오기 어렵다. 플라스틱 사용과 폐기를 강력하게 규제하는 법적 장치가 필수적이다. 그러나 많은 정치 지도자들은 지지율이 떨어질 위험이 있는 정책을 후순위로 미루려 한다. 대중이 적극적으로 결집해 정치인에게 위기의식을 심어 주고, 강력한 대안을 추진하도록 압박해야 한다. 전 세계적으로 일회용 플라스틱 사용을 즉각적으로 금지하고, 플라스틱 폐기물에 높은 환경세를 부과해야 한다. 환경세는 플라스틱의 재활용 비용이나 친환경 대체재 생산 비용보다 훨씬 높게 책정하여, 시장경제의 원리가 친환경적인 방향으로 움직이도록 유도해야 한다. 비닐봉지에 높은 환경세를 부과하고, 친환경 종이봉투에 보조금을 지급하는 방식도 효과적이다. 플라스틱 용기의 환경세로 모인 자금을 친환경적이고 재생 가능한 용기 개발 비용으로 지원하고, 개발된 친환경 용기를 판매할 때 보조금을 제공하면 소비자는 합리적인 가격에 구매할 수 있고, 판매자는 이익을 얻을 수 있다. 연구 개발이 수익성을 갖게 되면 더 많은 전문가와 기업이 친환경 용기 개발에 참여할 것이다. 불가피하게 플라스틱 용기가 필요한 경우는 높은 비용을 지불하며 제한적으로 사용할 것이고, 대부분의 소비자는 경제적이고 친환경적인 대체 용기를 찾게 될 것이다. 소비자들은 필요한 물품을 담기 위한 창의적인 대체 용기 아이디어를 적극적으로 고민하게 될 것이며, 시간이 지나면 플라스틱 용기 사용을 시대에 맞지 않는 비문화적인 행위로 인식할 것이다. 우리의 결심과 실천으로 지금 당장이라도 변화를 시작할 수 있다.

몽골의 수도 울란바토르 공항에서 시내로 향하는 고속도로를 차로 달리다 보면 두 가지에 놀라게 된다. 하나는 개발이 더딘 나라의 수도라고는 믿기 어려운 극심한 교통 체증이고, 다른 하나는 도시 전체를 짙게 감싸고 있는 스모그다. 도시가 평평한 평지 위에 자리 잡고 있어 시야가 탁 트이기 때문에, 스모그의 원인을 쉽게 발견할 수 있다. 주로 낮은 건물들로 이루어진 도시 외곽에 유독 눈에 띄게 솟아오른 화력발전소의 굴뚝에서 시커먼 연기가 끊임없이 뿜어져 나온다. 마치 커다란 뱀이 굴뚝을 타고 천천히 아래로 꿈틀거리며 내려오는 것처럼, 맑고 푸른 하늘을 배경으로 탁한 회색 연기가 도시의 낮은 곳으로 가라앉으며 퍼지는 모습이 뚜렷하게 보인다. 여기에 전통 가옥인 게르에서 갈탄을 태울 때마다 뿜어내는 매연까지 더해져 도시 전체가 두터운 스모그에 갇혀 있다. 도심을 조금만 벗어나면 끝없는 초원이 광활하게 펼쳐지는 나라에서 이런 모습을 마주하게 될 줄은 상상조차 하지 못했다.

우리나라 미세먼지는 중국에서 대부분 발원한다. 거대한 인구가 사용하는 화력발전소와 오염 방지 시설에 관심 없는 공장에서 발생하는 미세먼지가 기류를 타고 서해를 넘어온다. 충청도 서해안에 밀집한 화력발전소도 미세먼지 악화의 상당한 원인인 것으로 밝혀졌다. 우리나라의 봄날은 새순과 꽃향기가 아름다운 계절이 아니라, 미세먼지와 꽃가루가 자욱한 괴로운 시기가 되었다.

지구온난화의 원인은 단순하고 명확하다. 에너지 생산을 화석 연료에 의존하기 때문이다. 지구를 보존하려면 화석 연료를 다른 것으로 대체하면 된다. 현대 인류는 기술을 가지고 있다. 다만, 재생에너지 개발이 착취 경제의 수익 창출에 비효율적이기 때문에 결정하지 않을 뿐이다. 석탄 화력 발전소 가동을 당장 중단해야 한다. 태양광과 풍력 발전을 국가가 주도해야 한다. 원자력 발전소는 더 이상 건설하면 안 된다. 핵융합 기술 개발에 역량을 모아야 한다.

태양광과 풍력 발전 기술은 화석 연료를 충분히 대체할 만큼 경제성과 안전성을 확보하였다. 하지만 두 가지 문제가 신재생 에너지 전환을 방해하고 있다. 첫째는 화석 연료 생산 산업의 저항이다. 산유국과 글로벌 석유회사들은 원유 가격에 국가와 회사의 경제적 운명이 달려 있다. 그래서 국제적 에너지 전환 여론과 자신들의 이익 사이에서 애매한 상태를 유지한다. 둘째는 주민들의 수용성이다. 우리나라 서해안에는 수년 전부터 기가와트급의 풍력 발전단지를 조성하기 위해 준비하고 있다. 상당한 수의 화력발전소와 원자력 발전소를 대체할 수 있는 설비이다. 하지만 소수의 극단적 환경 운동가와 불과 몇 명 되지 않는 지역 어민들의 반대에 발목이 잡혀 진행이 지지부진하다. 어민들에게는 거부하지 못할 만큼 충분한 보상을 하고 신재생 에너지 설비만큼 화력발전소와 원자력 발전소를 없애겠다고 환경단체를 설득하면 안 될까!

지금까지 원자력 발전은 가장 저렴한 전력 생산 수단이었다. 가동 중에 유해 물질 발생이 거의 없는 친환경 발전이라는 주장도 있다. 하지만 우리는 그동안 발생한 몇몇 사고의 끔찍한 재앙을 경험했다. 경제성과 환경에 미치는 영향을 다른 관점에서 판단할 필요가 있다. 인류가 원자력 발전을 시작한 지 반세기가 지나면서 수명이 다 되어 폐기가 필요한 발전소가 급속히 늘어 가고 있다. 밀폐된 방사성 물질을 환경에 영향을 미치지 않도록 완벽하게 처리하는 기술을 인류는 아직 가지지 못했다. 지하의 암반을 깊이 파고들어 수십만 년 동안 묻어 두는 방법이 유일하다. 이 기술조차 실제로 시설이 완성되어 가동되고 있는 곳은 지구상에 한 곳도 없다. 핀란드에서 인류 최초의 핵연료 폐기 시설이 몇 년 후에 가동을 앞두고 있긴 하지만, 운영하는 동안 어떤 실제적 문제가 있을지 우려가 크다. 핵연료의 수십만 년 반감기 동안 발생할 지반의 안정성은 추측에 불과하다. 수십만 년 후 미래의 인류에게 오늘날 우리가 그곳에 어떤 일을 했고, 어떤 주의가 필요한지 확실하게 전승할 방법이 있는가? 가동 중인 원자력 발전소가 수명을 다하기 전에 안전하게 해체하는 기술을 개발해야 한다. 신규 건설을 전 세계적으로 금지하고 새로운 에너지 생산 기술에 투자해야 한다.

태양은 지구의 모든 생명에게 차고 넘치는 에너지를 공급한다. 50억 년의 나이에도 불구하고 아직 수명이 절반밖에 지나지 않았다. 태양 에너지의 원천은 핵융합이다. 인류는 그 원리를 알고 있고, 실험실이긴 하지만 재현도 가능하다. 우리나라를 비롯한 많은 나라에서 상업 발전 기술을 완성하기 위해 노력하고 있다. 자금이 많이 필요한 대규모 핵융합로를 건설하기 위해 국제 핵융합실험로(ITER) 건설사업이 2007년에 시작되어 2035년 설비 가동을 목표로 프랑스 남부에서 진행되고 있다. 건설에 필요한 예산은 약 100억 달러로 예상하였다. 이해하기 어려운 점은, 상업 발전에 성공하면 인류의 에너지 문제를 해결할 궁극의 기술 개발에 28년 동안 겨우 100억 달러를 투입할 계획의 수립이다. 미국이 2차 대전 중 핵폭탄을 개발하기 위한 맨해튼 프로젝트의 경우, 1945년 당시 20억 달러, 현재 가치로는 230억 달러가 5년 만에 투입되었다. 천조국으로 불리는 미국의 2024년 국방 예산은 8,420억 달러(1,180조 원)로 결정되었다. 그런데 100억 달러를 투자할 여력이 없다니! 도대체 예산을 결정하는 정치인들은 무슨 생각인가? 진정 그들이 원하는 것은 인류의 안녕이 아니라 지구의 파괴와 우리의 멸종인가? 화석 연료 사용으로 발생한 지구 환경 파괴 문제를 세계대전 당시 히틀러와 히로히토의 위협보다 심각하게 받아들이지 않는 정치인들의 시각은 인류가 지구 환경 파괴를 막지 못하고 공멸하는 가장 큰 원인이 될 것이다. 다수의 투표를 통해 정해진 임기만 일하는 정치 지도자 선출 시스템을 바꿔야 한다. 나의 임기 내만 아니면 된다(Not In My Term)는 인식과 지구를 잃더라도 표는 잃지 않겠다는 전략을 세울 수밖에 없는 현재 대의민주주의가 지구를 착취하고 인류를 파멸로 이끄는 중요한 원인이다.

산업 트렌드의 헤게모니를 선점한 거대 기업은 지구 멸망을 막는 일보다 자신의 이익이 우선인 결정을 한다. 지구 멸망을 두려워하여 화성에 식민지를 건설하겠다는 사람을 혁신가로 칭송하기보다 그 비용으로 지구 환경을 보존하고, 저탄소 소비 사회 기반 시설 건설과 신재생 에너지 효율 향상 기술에 투자한다면 우리는 지구를 떠날 이유가 없다.

환경 파괴를 임박한 위험으로 인지하지 못하는 이유는 다른 누군가의 문제이고, 다른 나라의 문제이며, 다른 시대의 문제라는 인지 편향 때문이다. 인간 수명에 비해 긴 시간 동안 진행되는 기후 변화는 개인 일상에 특별한 고통을 주지 않는다. 그저 뉴스에 나오는 이상한 현상에 불과하다. 전 세계의 개개인이 고통을 느낄 때가 온다면 이미 되돌기에 늦었다.

인간은 건강하게 사는 방법을 찾아 실행하는 대신 질병을 피하고 고치는 방법에 집중한다. 인간은 평화롭게 공존하는 방법을 찾아 실행하는 대신 신무기를 개발하는 방법에 열중한다. 인류의 기술 수준이 문명의 유일한 기준이 되어서는 안 된다.

인류 모두가 평화롭게 살아가는 이상적 문명사회에 우리가 얼마나 더 가까워졌는지 함께 고민해야 한다.

멸망과 멸종

칼 세이건은 광활한 우주에 우리만 존재한다면 엄청난 공간의 낭비라며, 우리 외의 생명체가 분명히 존재할 것으로 예측했지만, 지금까지 외계에서 생명체 존재의 증거는 발견되지 않았다. 프랭크 드레이크는 우주적 환경의 우연과 생명의 발생과 진화 그리고 문명 발전 확률의 곱으로 외계 생명체의 존재 확률을 계산하는 방정식을 제안하였다. 그의 방정식에서 제일 마지막 변수는 우연의 우연이 겹치는 기적이 반복하여 성 간 통신이 가능한 기술을 가진 지적 생명체가 자신들의 문명을 존속하는 기간이다. 그 값을 인간의 역사를 바탕으로 추정한 여러 과학자는 우주적 우연의 확률보다 문명을 스스로 멸망시키지 않고 오랫동안 존속할 확률이 매우 낮다는 결론에 이르렀다. 과학 기술 문명은 필연적으로 자신들을 스스로 파괴한다. 그동안의 기술은 인류를 과거보다 자유롭고 풍요롭게 발전시켰지만, 앞으로의 기술 발전은 인류 문명이 어느 방향으로 나아갈지 예측하기 어렵게 만들고 있다. 기술이 인류의 공익에 도움이 되는 방향으로 발전하지 못할 수도 있다는 깊은 우려가 있다.

착취 경제

드레이크 방정식에서 예상한 문명의 짧은 존속 기간, 즉 인류가 직면한 멸종의 이유는 두 가지다. 인간이 생존하지 못할 만큼 지구 환경이 오염되는 것을 막지 못하거나, 인간 집단 사이의 극단적 양극화로 인한 혐오가 서로를 파멸시키는 전쟁을 일으키는 것이다. 현재를 살아가는 지구인들은 환경 오염의 위험을 자각해야 한다. 부자와 부자 국가가 착취 경제 시스템을 탈피하지 못하면 피착취 집단의 저항은 필연이라는 사실을 역사적 경험에서 깨달아야 한다. 자신을 스스로 파괴하는 과학 기술을 보유한 탐욕의 인류는 공멸의 선택을 할 것이다. 인류의 지난 역사가 그것을 증명한다. 다행히 인류는 기술 발전이 어떤 위험을 초래할지 예측할 수 있는 지성을 가지고 있지만, 탐욕이 지성을 짓누르는 결정을 하지 못하도록 막는 시스템을 만드는 데 어려움을 겪고 있다.

우주적 시간에 비해 문명 존속 기간이 짧은 것이 우주에서 문명을 찾지 못하는 큰 이유 중의 하나라는 드레이크 방정식의 마지막 함수에 근거하면, 지구의 인류가 지난 수십만 년 동안 이룩한 문명도 현재의 탐욕이 계속된다면 몇백 년 안에 사라진 우주 문명 중 하나에 불과할 것이라는 불행한 예측이 가능하다.

인류는 다음과 같은 이유로 멸망과 멸종의 위기를 현실로 마주하게 될 것이다.

첫째, 극단적 착취 경제로 인한 심각한 양극화는 사회 전반에 집단적 적대감을 불러일으키고, 이를 악의적으로 이용하는 유능한 선동가가 등장하여 파괴적인 혁명과 전쟁을 촉발함으로써 인류 문명을 파멸로 몰고 갈 것이다.

둘째, 지금의 풍요를 유지하기 위한 탐욕 때문에 환경 파괴가 지속되고 있지만, 인간의 수명에 비해 환경 변화가 상대적으로 긴 시간에 걸쳐 발생하여 인류는 이를 직접적인 위협으로 인식하지 못하는 어리석음을 반복하고 있다. 결국, 이와 같은 무지와 방관은 가까운 미래에 전 지구적 차원의 멸종을 초래할 것이다.

소득 불평등이 갈수록 커지고 있다. 국민 소득에서 최상위 1퍼센트 소득층의 자본 독점 비율이 특히 선진국에서 급속도로 늘어나고 있다. 토마 피케티 교수가 '최상위 관리직'이라 부른 사람들이 임금을 더 많이 받는 이유는, 자신들에게 후한 연봉과 상여금, 수당 등을 책정하는 제도를 결정할 힘이 있기 때문이다. 기술 진보가 경제의 파이를 크게 만드는 역할을 하더라도, 최상위 소득자가 훨씬 큰 파이 조각을 차지한다. 기술 발달이 인류 전체의 소득과 삶의 수준을 높인 것은 분명하지만, 상대적 빈곤이 절대적 빈곤보다 더 큰 갈등과 분쟁의 요소가 된다.

개인의 노력과 능력으로 얻는 공정한 부의 축적은 권장해야 하지만, 그 부가 미처 부를 따라잡지 못한 사람을 착취하는 도구로 사용되는 순간부터는 법률로 명확하게 권리를 제한하고, 불공정한 수익은 세금으로 공공에 환수해야 한다.

인간은 평등한 빈곤보다 불평등한 빈부 격차가 지속되고 그 상태가 변할 가능성이 없다고 느낄 때 부자에게 더 큰 적대감을 가진다. 이런 이유로 자본주의자의 상식으로는 지속 불가능하다고 판단하는 공산주의가 100여 년 동안 유지되고, 공산사회보다 자본주의 국가에서 오히려 대중의 폭력적 분노 표출이 더 빈번하다.

보수주의자들의 일반적인 견해는 경제를 시장의 원리에 맡겨 두고 정부의 역할을 줄이는 것이다. 불평등은 자유시장 경제의 일부분으로 여긴다. 현재 세계적 갈등과 전쟁의 원인을 한가지로 요약하면 결국 경제적 이익의 충돌이다. 시너지를 발생하는 경쟁이 아니라 폭력적 충돌은 결국 파멸의 위험을 높인다. 파멸을 막기 위해 정부는 경제 주체 각각이 공정한 상태에서 부를 축적하도록 경쟁을 유도함과 동시에 사회의 부를 공정하게 분배하는 정책을 펼쳐야 한다. 부의 분배와 복지를 부자들의 위선적 자선과 자원봉사자들의 한가한 시간에 맡겨서는 안 된다.

공정한 자본 축적을 유도하는 관점은 노동에 세금을 매기는 것이 아니라 자본에 세금을 매기는 것이어야 한다. 누구나 공정한 상태에서 자신의 노동과 지식의 가치를 충분히 보상받으며 적절한 세금을 내고 부를 쌓을 수 있도록 보장해야 한다. 하지만 임금과 투자 소득이 착취의 도구로 사용할 만큼 커지면 과감한 세금을 부과해야 한다. 정부는 예산을 보편적 복지에 투입하여 개인의 자본 축적 시도에 공정한 기회가 주어지도록 제도적 안전망을 만들어야 한다. 돈이 없어 교육받지 못하거나, 최소한의 의식주가 불가능하거나, 인간적 존엄을 잃는 상태를 막아 주어야 한다. 더 많은 부와 더 적은 부는 개인의 능력과 노력에 따라 크고 작을 수 있다. 하지만 경쟁의 링은 공정해야 한다. 착취 경제의 사슬을 끊고 누구에게나 공정한 기회가 주어져야 한다. 민주주의 사회에서 공정의 수단은 세금과 복지다.

마르크스는 시궁창에서 고개를 들어 아름다운 성을 보았을 때 혁명이 일어난다고 말했다. 절대적 빈곤은 오히려 혁명의 가능성을 줄인다. 북한의 오랜 독재와 빈곤 속에서 인민이 당에 복종하는 이유가 여기 있다. 인민의 눈에 아름다운 성이 보이지 않도록 체제를 구축하는 것이 북한 정권의 핵심 전략이다. 반면, 남한은 북한보다 백 배 이상 부유하지만 사회적 갈등 표출은 북한보다 훨씬 심각하다. 평균 상향의 함정에 빠진 남한 사람들은 인터넷과 뉴스에서 증폭되는 상대적 박탈감에 부자를 경멸하고 국가 정책에 분노한다.

데이비드 리카도는 그가 쓴 『정치경제학과 과세의 원리에 대하여』라는 책에서 이렇게 말했다.

"생산물은 사회의 세 계급, 즉 토지 소유자, 토지 경작에 필요한 자재 또는 자본의 소유자, 자신의 근로로 토지를 경작하는 노동자들 사이에 분배된다. 이 분배를 규제하는 법칙을 결정하는 것이 정치의 기본 의무다."

헨리 조지는 정부의 조세 수입은 전적으로 토지세로 충당되어야 한다고 주장했다. 밀턴 프리드먼은 '세상에서 가장 덜 나쁜 세금'이라며 동의하였다. 모든 나라가 똑같은 세율을 적용하자는 토마 피케티의 글로벌 자본세는 사람과 자본의 이동이 자유로운 현대의 불평등을 해소하는 방법으로 제시되었다.

내가 소유하고 우리 가족이 사는 아파트 가격이 몇 해 동안 급격하게 상승하며 15억 원을 넘었다. 일반 노동자가 급여를 모아서는 꿈도 꿀 수 없는 금액의 자산을 가진 나는 내 아파트 소유에 대하여 1년에 100만 원 미만의 세금을 청구받는다. 재산세를 낼 때마다 나는 큰 죄책감을 느낀다. 부자가 세금을 더 많이 내고, 세금 사용 이득은 전 국민에게 골고루 돌아가야 정의로운 사회다. 자산을 많이 가진 사람이 그의 자산에 합당한 만큼 공동체에 이바지하도록 세율을 정해야 한다. 많이 가진 사람의 탐욕보다 덜 가진 사람들의 인권이 보호받는 사회가 되어야 한다. 자본이 착취의 지렛대로 이용되면 적절한 조세제도와 규제가 작동하여 공공의 이익과 동질성이 파괴되지 않도록 막아야 한다. 자기 가족이 사는 집 외에 다른 집을 보유하고 있다면 착취의 도구로 판단해도 크게 틀리지 않는다. 강남에서 30억짜리 아파트에 살든, 시골에서 3천만 원짜리 농가에 살든, 그것은 개인의 능력과 성취로 인정해 주어야 한다. 다만, 30억 아파트에 합당한 세금을 걷어 안정된 거주지를 갖지 못한 사람을 지원해 줘야 한다. 두 번째 주택 소유분부터는 견디지 못할 세금을 부과해야 한다. 아파트는 물론이고 직접 경작하지 않는 토지, 임대가 목적인 업무용 건물에 대해서도 같은 정책을 시행해야 한다. 아파트 가격이 오르면 시세라 하고, 가격이 내려서 거래되면 급매라 표현한다. 집을 가장 좋은 투기의 수단으로 경험했던 우리나라 사람들은 어떻게 해서든 오르는 것은 정상이요 내리는 것은 비정상이라는 편견을 유지하기 위해 안간힘을 쓴다.

부는 노동에서 나온 것만 정당하다고 헨리 조지는 역설했지만, 개인의 이기적 욕망이 인류 문명 발전의 원동력이 되기 위해서는 노동뿐만 아니라 투자, 저축 그리고 행운에 의해서 얻은 자산도 인정해야 한다. 다만 그 부가 착취의 도구로 활용되지 않도록 사회 규칙을 정하는 것이 오랫동안 인류 번영을 지속하는 데 유리하다.

역사는 생산력과 생산 주체의 변화에 따라 '원시공동체 – 노예제 – 봉건제 – 자본주의 – 공산주의'로 발전한다는 것이 마르크스의 주장이었지만, 자본주의보다 먼저 수립된 공산주의가 몰락한 역사는 그가 틀렸다는 것을 입증했다. 우리 후손이 생존하는 동안은 자본주의가 인류를 번영하게 만드는 유일한 경제 체계가 될 것이다. 공산주의가 독재와 평등한 빈곤 때문에 무너졌듯이 자본주의의 병폐를 없애지 못하면 인류는 몰락할 것이다.

민주주의는 지금까지 인류가 경험한 정치 체계 중 가장 최선이

착취 경제

라 하지만, 다수의 판단이 최선이라는 근본 개념이 오히려 문제의 원인이 되는 사례가 많이 드러난다. 특정 집단과 인물의 영향력에 의해 여론은 극단적으로 치우치기 일쑤다. 모두가 공정하고 누구도 소외되지 않는 복지 민주주의 이상은 실현되기 어려워 보인다. 착취자들의 시스템 결정 영향력은 점점 커지고, 소외되는 민중의 수는 점점 많아진다.

평등의 추구는 인류가 짐승과 구별되는 존엄을 유지하는 문명 발전의 원동력이다. 불평등이 부당하다는 논리의 도덕적 근거는 다음과 같다. 첫째, 개인의 소득은 많은 부분 정당한 보상보다 운에 달려 있다. 둘째, 구성원 사이에 차이가 너무 많이 나면 그 공동체는 진정한 공동체 기능을 발휘하지 못한다. 셋째, 불평등이 너무 심해지면 부자들이 과도한 정치적 영향력을 갖게 되어 민주주의에 해가 된다.

부자라는 말의 정확한 의미는 다른 사람보다 부자가 되길 바란다는 뜻이다. 유럽의 가장 가난한 사람도 아프리카 난민 중에서 가장 부유한 사람보다 부자일 가능성이 크다. 그래서 가난한 아프리카인들은 목숨을 걸고 지중해를 건넌다. 빈곤의 해결은 모두를 부자로 만드는 것이 아니라, 소득과 자산의 양극화로 인한 상대적 빈곤을 최소로 하는 것이어야 한다.

인류는 역사의 대부분을 빈곤 속에서 살았다. 절대적 빈곤은 대체로 운명으로 받아들인다. 상대적 빈곤은 혼란으로 이어지고 혁명으로 종결된다. 절대적 빈곤은 인간의 생존에 가장 기본이 되는 의식주를 확보할 만큼의 소득도 얻지 못하는 상태이다. 상대적 빈곤은 본질적으로 불평등을 뜻한다. 상대적 빈곤이 서로 적대적 이합집산을 하고 상대를 비난하면서 폭력적으로 비화할 때 우리는 큰 혼란을 맞는다.

좋은 배경에서 태어난 아이와 가난한 집안에 태어난 아이의 삶은 나이키 런닝화를 신은 아이와 발목에 모래주머니를 찬 아이가 달리기 경주를 하는 것과 같다. 부자들은 경주의 규칙마저 마음대로 정할 힘을 가진다. 점점 더 좋은 신발을 신을 수 있도록 법과 제도를 그들 마음대로 조정하고, 그럴수록 가난한 사람들의 발목 모래주머니는 점점 무거워진다. 자기 삶은 자기가 책임져야 한다. 우리가 이루는 것과 이루지 못하는 것은 어느 누구도 아닌 우리 개인의 역량이다. 하지만 운이 좋거나 요령이 좋은 사람이 그렇지 못한 사람을 착취하는 것을 개인의 능력이라고 인정하는 사회는 정의롭지 않다.

이제 막 대학에 들어간 내 아들은 먼저 대학 생활을 시작한 누나에게 조언을 얻어 학교생활의 요령을 배운다. 아빠는 아이의 장래에 대해 조언하고 안락한 생활을 위해 경제적으로 지원한다. 아들이 다양한 여가와 배움의 기회를 얻도록 보조하고, 만일에 일어날지도 모르는 뜻밖의 사고에 대비책을 마련해 둔다. 모든 부모가 당연하다고 생각하는 일들이다. 그렇게 아이를 키우고 보호할 능력이 없거나 의지가 없는 부모를 무능력하거나 나쁜 부모로

착취 경제

여긴다. 국가가 국민에게 해야 할 일이 부모가 자녀들에게 행하는 일과 같다. 국가는 국민을 보호하고, 그들의 사업과 직장을 지원할 의무가 있다. 최소한 우리나라 정도의 선진국이라면 당연한 일이다.

닉 보스트롬은 인류의 미래가 진보와 몰락을 반복하거나, 발전과 퇴보 없이 안정되거나, 이기적 폭력 행위로 멸종을 재촉하거나, 이성과 제도의 완성으로 영원히 도약하는 길이 있을 수 있다고 예견했다. 기술의 발전과 인류 공통 이성의 평균 수준이 과거에 비해 매우 높아진 상태이기 때문에 과거 역사처럼 몰락이 반복될 가능성은 적어 보인다. 하지만 개인의 욕망이 집단의 희망보다 앞서는 상태가 지속되면 자연적인 안정은 어렵다. 그렇다면 우리에게는 멸종과 도약이라는 두 가지 선택지가 남았다. 그의 예측대로라면 이기적 폭력 행위로 자멸하는 위험을 피하는 방법을 찾는다면 인류는 영원히 도약할 수 있다.

기후 변화는 새로운 불평등이다. 기후 변화로 인한 재난이 닥치면 가난한 나라 사람들은 더 가난해질 것이고, 부자 나라의 가난한 사람들도 더 가난해질 것이다. 기후 변화에 대한 투자는 보건과 교육만큼 중요하다. 각국이 국방에 드는 비용 일부만이라도 청정에너지 연구에 투자한다면 문제 해결이 더 쉽고 빨라질 것이다. 하지만 그들은 그들이 우주에 존재하는 동안의 권력을 유지하기 위해 다음 세대의 기후 위기 해결보다 현재의 군사력에 예산과 관심을 투자한다. 인류 번영보다 자신의 번영을 우선한다. 에너지 전환은 인간 양심의 문제가 아니라 결국 정치 문제다. 코로나19로 수백만 명이 사망하고 전 세계가 셧다운 될 만큼 공포에 떨었지만, 통계에 의하면 전 지구에 걸쳐 대기 오염 때문에 연간 700만 명이 제 수명을 다하지 못하고 사망하고 있다. 청정에너지 연구에 더 많이 투자하면 현재 연구하는 기술의 효율을 기하급수적으로 높일 수 있을 것이고, 과거에 없던 새로운 에너지원이 지금보다 더 빠른 속도로 발명될 것이다. 태양광 풍력 그리고 제3의 재생에너지 연구에 생존을 걸고 투자해야 한다.

플라스틱과 종이를 분리수거하여 재활용하는 데 비용을 소비할 것이 아니라, 환경에 영향을 미치지 않고 그것들을 대체하는 기술 개발에 투자해야 한다. 나무를 심고 탄소배출 저감 방법을 연구하는 것도 중요하지만. 더 적극적으로 탄소를 배출하지 않는 정책을 펼쳐야 한다. 인류는 에너지 효율을 계속 높여 왔다. 나무를 태우다가 석탄을 태웠고, 석유를 태우다가 가스를 태웠다. 원자력 에너지에서 태양광 풍력으로 전환 중이다. 문제는 속도다. 속도를 높이는 유일한 방법은 자본의 투자다.

우주에서 지적 생명체가 발견되지 않는 이유가 우리가 유일한 존재이기 때문이라는 결론은 우주의 실체적 공간의 광활함에 비추어 합리적인 추론이 아니다. 지구에 문명을 이루고 있고, 우주를 탐사하고, 외계의 다른 지적 생명체를 찾고 있는 호모사피엔스

착취 경제

의 존재 차체가 저 우주에 지적 생명체가 존재한다는 가장 명백한 증거가 될 수 있다. 우리와 그들의 기술이 서로를 발견할 만큼 진보하지 않았다는 추측과 동시에, 영겁의 우주적 시간 동안 우리와 그들이 동시에 우주에 존재하는 우연이 발생할 수 없을 만큼 기술 문명의 존속 시간이 길지 않다는 증거일지도 모른다. 기술과 권력을 얻은 생명체가 자기 삶이 존재하는 시간 외에 다른 시간에 사는 자기 종족을 배려하여 자신의 힘과 기술을 아껴 둘 가능성은 적다.

오늘날 인류는 비정상적으로 풍요와 평화를 누리고 있다. 지난 역사를 돌이켜 보면 그야말로 정상이 아니다. 이기적이고 사악한 인류 본성에 비추어 비정상적 상태는 비정상적으로 오래 지속되고 있다. 가까운 시일 내에 비정상 상태는 정상으로 돌아갈 것이 분명하다. 탐욕과 광기에 사로잡힌 누군가의 어리석은 결정이 정상 상태로 돌아가는 과정을 촉진할 것이다. 과거의 정상 상태는 국지적으로 발생한 재래식 무기를 사용하는 전쟁과 약탈과 착취에 머물렀지만, 다가올 정상 상태는 대량 살상 전쟁과 지구 환경 파괴의 과정을 거쳐 인류 멸종을 현실로 만들까 두렵다. 전쟁은 착취에 의한 양극화에 저항하는 혁명 과정에서 발생하고, 환경 파괴는 이기적인 누군가에게 이익을 몰아 주는 과정에서 발생한다.

2100년에는 지구의 인구가 100억 명이 된다. 맬서스의 인구론에 나오는 디스토피아는 그가 예상하지 못했던 농업과 산업의 혁신을 통해 막았지만, 전쟁과 환경 파괴가 인류의 대량 희생을 동반할 것이라는 예상은 막을 방법이 없다. 그렇게 되면 맬서스가 인구를 줄이기 위해 제안했던 다양한 비인간적 방법이 실제 실행될 가능성이 크다. 그동안 인류가 겪었던 세계대전과 현재 진행 중인 지역 분쟁과 억압받는 이들이 자행하는 테러의 무자비함에 비추어 보면 우리에게 시간은 얼마 남지 않았다. 멸망은 어느 날 갑자기 일어난 작은 불씨로 순식간에 진행될 것이라는 두려움이 생긴다.

과학 기술을 오직 인류 번영의 수단으로만 사용하는 선한 이성을 가진 인간이 우리의 지도자로 연속해서 선출되리란 희망은 불가능하다. 대량 살상을 작정하고 세계대전을 결정한 자들이 있었다. 세계 각국에서 여전히 크고 작은 분쟁이 끊임없이 발생하여 그에 휘말린 국민은 인간 존엄성을 짓밟히고 있다. 공산주의와 독재는 일인의 권력 유지를 위해 명맥을 유지하며 인권을 유린하고, 국민 복지를 외면하고 있다. 미국과 일본 그리고 우리나라 같은 소위 선진국들조차 극단적으로 우경화된 지도자가 선출되어 착취와 양극화를 어쩔 수 없는 시대적 현상으로 간주한다.

고대의 시간을 함축한 역사와 현대의 사건을 살펴보면 호모사피엔스는 현명하게 다 같이 잘사는 선택보다 누군가의 특별한 이익을 위해 모두 절멸할 선택을 할 가능성이 더 크다는 사실을 깨닫는다. 기술 발전의 성과를 유희하는 인간은 이제 신이 되려 한다. 인공으로 생명체를 만들고, 인간을 대신하는 기계를 만들고,

기후를 조절하고, 우주를 개척한다. 하지만 인간은 이기적이다. 인류의 보편적 행복을 향상한 기술을 가차 없이 자신의 이기심 만족에 사용할 것이 분명하다. 그것은 착취 경제의 결과로 터질 듯 부풀려진 양극화가 폭발하면서 점화될 것이다.

증오의 시대가 되고 있다. 보수는 진보를 증오하고, 빈자는 부자를 증오하고, 기독교는 이슬람을 증오한다. 증오는 항상 비상식적인 폭력적 형태로 표출된다. 나의 욕망과 우리의 신념을 위해 증오의 대상을 반드시 없애야 하는 존재로 여긴다. 911이 그랬고, 지금 일어나고 있는 국가 간 분쟁들이 그렇고, 투표로 지도자를 선출하는 모든 국가의 선거 과정이 그렇다. 극단적 증오와 비이성적 신념을 가진 누군가가 세계를 움직일 권력을 손에 쥔다면 상대를 없애는 과정에서 공멸의 선택도 가능한 옵션이 된다. 누군가 지도자가 되기를 원한다면 평화와 화합을 외치기보다 증오를 선동하는 방법이 더 효과적이라는 사실이 증명되어 있다. 그래서 특출한 욕망을 가진 인간이 첫 번째 할 일은 증오의 선동이다.

세계는 분노한 자기중심적 집단들로 가득 찼다. 이들은 인간의 삶을 전체적으로 보지 못할 뿐만 아니라 한발 양보하느니 차라리 문명을 파괴하고 말겠다는 태세들이다. 칭기즈 칸은 자신이 정복한 땅의 살아 있는 모든 것을 죽였다. 스페인 정복자들은 잉카인들이 사람이 아니기 때문에 금을 가질 필요나 권리가 없다고 여겼다. 하이젠베르크의 연구로 미국보다 먼저 독일이 원자폭탄을 만들었다면, 히틀러는 분명히 영국과 미국과 소련에 주저 없이 공멸의 무기를 무자비하게 사용했을 것이다. 히로히토는 동양을 자신의 휘하에 두겠다는 미친 야망에 방해되는 조선과 중국인들을 무차별하게 학살했다. 제2차 세계대전 중 미국의 정치인들은 일본에 핵폭탄을 투하한 결정이 일본 본토를 침공하면서 희생될 수백만 명의 생명을 구하는 일이었다며 합리화한다. 모택동의 권력 유지를 위한 문화대혁명은 중국 내의 모든 지식인과 그들이 가진 지식을 없애 버리는 것이 목표였고, 상당히 성공했다.

사회의 제도와 관습은 가진 자가 가진 것을 잘 지키도록 보호하는 것이 아니라 가지지 못한 자가 착취당하는 것을 막는 장치가 되어야 한다. 자본주의를 규칙 없이 방임하면 필연적으로 인간을 잡아먹는 야수로 변한다. 사회적 시장경제로 바꿔야 한다. 야수가 되지 않도록 착취 구조를 법률로 통제해야 한다. 실업을 게으르고 무능력한 개인의 탓으로 돌리면 안 된다. 자본주의에서 최소의 실업은 어쩔 수 없는 것이다. 그들을 사회적 도태자가 아니라 자본주의의 희생양으로 규정해야 한다. 누군가의 착취 시스템에 의해서 희생당하는 이들을 제도적으로 보호해야 한다. 자본주의가 착취의 도구로 계속 이용된다면 호모사피엔스는 22세기를 맞이할 수 없을 것이다.

가까운 미래는 암울해 보이지만 인류가 지금의 모든 문제를 해결하고 현재의 위기에서 벗어나 계속 번영할 것으로 전망하는 이성적인 낙관주의에 나는 동의한다. 하지만 그 전제는 극단적인 불평등을 일으키는 착취 경제 체제를 공존의 시스템으로 변화시키는 일이다.

우리가 최후의 인류가 될지도 모른다.

United State of Earth

80억 명의 호모사피엔스는 광대한 우주의 작은 푸른 점에 함께 모여 살고 있다. 우주 개발의 기술적 시도와 행성 이주의 희망에도 불구하고 가까운 시간 안에 우리 행성에서 벗어나 거주하는 인류를 목격할 가능성은 매우 낮다.

우리는 우주에서 가장 영리한 생명인 동시에 가장 어리석은 존재이다. 지구의 다른 땅과 바다에 무엇이 존재하는지 몰랐던 무지의 시대를 지나 이제 인류는 생명과 자연과 그것들의 상호 작용을 알고 있다. 우주에 대한 궁금증을 풀기 위해 도전하고, 외계의 생명체를 찾고 있다. 인류는 과학 기술을 발전시켰고, 이 방대한 우주에서 유일한 문명을 창조하였다. 하지만 지구인들은 국가와 민족으로 나뉘어 서로 적대시하고 갈등한다. 인류라는 하나의 공동체로 살아갈 방법을 찾아야 한다. 잘사는 나라나 못사는 나라나 우리는 지구에 살고 있다. 국가나 민족의 구분 없이 인류 모두를 지구인으로 여기면 인류 전체의 안녕을 위해 가장 합리적 의사 결정이 가능하다. 우리 집단의 이익을 지키기 위해 다른 집단

착취 경제

을 파멸시킬 필요가 없다. 지구 환경 파괴를 서로의 탓으로 돌리며 소중한 시간을 보내지도 않을 것이다. 상대의 발전한 기술이 우리 집단을 파괴하는 도구가 되지 않을까, 서로 불안 속에서 전전긍긍할 필요 없이 보편적인 인권과 경제와 기술과 문화의 발전을 위해 사용되도록 인류가 나아갈 방향을 결정할 수 있다.

기술과 환경의 특이점이 인류의 풍요로운 생존을 보장할 것인지, 문명의 멸망과 호모사피엔스의 멸종을 초래할 것인지, 위험한 선택 앞에 놓여 있다. 우리에게는 지구 환경을 지키고 인류 전체를 풍요롭게 할 충분한 돈과 기술이 있다. 그리고 옳은 판단이 무엇인지 생각할 이성을 가지고 있다.

우리가 당면한 문제를 해결할 현명한 방법을 찾아야 번영을 유지할 수 있다.

첫 번째, 세계인을 하나로 통합하는 정치체제를 합의해야 한다.

두 번째, 에너지를 얻기 위해 환경을 파괴하는 일을 당장 멈추어야 한다.

세 번째, 고도로 발전한 기술이 인류 자멸의 원인이 되지 않도록 대비해야 한다.

전 세계적으로 극우 정치인이 부상하고 있다. 독재자와 민주정치의 대표자들은 그들을 선출한 대중의 이익을 대변하여 인류의 평화와 번영을 위해 자신의 권력을 사용하지 않는다. 정치인들의 행태를 보면 그들이 가진 권력은 국민을 위한 것이 아니라 오로지 그들의 권력을 계속 유지하기 위한 수단에 불과한 것처럼 보인다.

톨레랑스가 사라지면 제국은 멸망한다. 긴 역사 동안 찬란하게 번영했던 로마제국과 대영제국은 힘없는 외부 민족들을 노예로 여기고, 힘 있는 국가를 적대시하면서 무너지기 시작했다. 히틀러의 제3제국과 일본 제국은 애초부터 타 민족을 노예로 삼거나 멸족시키는 것이 목표였기 때문에 그들의 야망은 이루지 못할 헛소리에 불과했다. 현재의 패권을 가진 미국의 미래도 지금과 같이 자국의 이익을 위해 상대 국가와 민족을 적대하면 역사는 예외 없이 되풀이될 것이다. 이스라엘은 지난 시대의 핍박받은 역사에서 교훈을 얻지 못하고 다시 그들만 사는 세상을 추구한다. 그들이 톨레랑스를 찾지 못한다면 언젠가 유대인이 움직이는 미국의 패권이 무너지고, 중동에서 이스라엘의 힘이 약해지면 유대인들은 다시 보복당할 것이 분명하다. 외부를 적대시하고 그들만의 세상을 추구한 제국은 오래 존속하지 못했다. 세계가 인종이 아니라 인간이라는 공동체 의식을 가져야 한다. 한민족, 미국인, 유대인이 아니라 지구인이라는 공감대가 있어야 한다.

러시아와 미국이 상호확증파괴를 목적으로 지구를 몇 번이나 파괴할 수 있는 핵무기를 유지하고 있다. 온도가 서서히 올라가는 물 끓는 냄비 안의 개구리처럼 기후 변화에서 탈출할 시도는 소극적이다. 인간들의 이러한 행태는 기적 같은 진화와 위대한 문명을 건설한 호모사피엔스의 판단이라고 믿기 어려운 어리석은

착취 경제

모습이다.

다른 민족이나 국가의 이익을 빼앗아 내 민족 내 나라가 이익을 얻는 정치체제는 오래 지속되지 못한다. 같은 나라 국민이지만 서로 이해관계가 다른 집단의 이익을 착취하여 국가의 부를 늘리는 경제체제는 금방 무너진다. 인류의 공동 이익이 최대가 되도록 의사 결정이 가능한 체제가 필요하다.

냉전의 이데올로기 경쟁의 대상이었던 소련이 사라지자, 서방세계를 결속하기 위해 이슬람을 희생양으로 삼는 것이 아닌지 의심스럽다. 힘없는 이들의 가냘픈 저항을 그들은 테러리스트라 규정하고 응징한다. 홀로코스트의 참혹함을 당한 유대인들은 나치에 의해 게토에 갇혀 죽어 간 그들의 아버지 할아버지처럼 팔레스타인을 새로운 게토에 가두고 죽어 나가도록 내버려 둔다. 최소한의 항쟁도 테러로 규정하고 싸구려 로켓포 몇 발에 대항하여 최신 전폭기와 미사일로 몰살을 감행한다. 역사를 잊은 자는 미래가 없다. 역사는 되풀이되고 우리는 우리를 자멸시킬 무기와 어리석음을 가졌다.

역사상 가장 멍청한 결정이라는 브렉시트로 국가적 위기를 맞고 있는 영국의 첫 번째 쇠락의 전조는 미국의 독립 전쟁이었다. 대영제국의 가장 큰 식민지 아메리카 주민의 대부분은 영국에서 건너온 영국인이었고, 실제로 식민지인들은 영국 왕을 자신의 지도자로 여겼다. 설탕법, 인지세법 그리고 홍차에 막대한 세금을 매겨 가혹한 착취 시스템을 가동하면서 대영제국은 아메리카 대륙을 영원히 잃었다. 본토와 식민지를 동등하게 여기고 양극화되는 것을 막았다면, 팍스 아메리카나라고 불리는 미국 중심의 패권이 현재도 여전히 대영제국의 유니언잭 깃발 아래 번영을 누렸을 가능성이 높다.

전 세계 국가 예산의 많은 부분이 다른 나라를 침략하거나 침입을 막기 위한 무기와 군대를 유지하는 국방비다. 천조국이라는 미국 국방비의 5%만 떼어 내 투자하면 자금 부족으로 20년째 공사 중인 국제핵융합로를 단번에 완성할 수 있다. 상용화되면 인류의 에너지 문제를 영구적으로 해결할 수 있는 기술이다. 인도의 핵무기 유지 비용이면 가난한 인도인 모두에게 깨끗하고 안전한 화장실을 공급할 수 있다. 북한이 미사일 개발 비용을 인민들에게 돌리면 김정은은 진정으로 위대한 지도자가 될 것이다. 한국의 국가 예산에서 차지하는 연간 국방비는 같은 기간 국가 전체 연구·개발 예산의 2배가 넘는다. 국방비의 가장 무용한 점은 실제로 적을 파괴하는 데 투입되기보다 전쟁을 대비하며 무기를 유지하고 군인을 훈련하는 데 대부분 소모된다는 점이다. 전장에서 적에게 총을 쏘는 군인보다 흙무더기에 총알을 낭비하며 사격 훈련만 하다 복무를 마치는 병력이 대부분이다. 무기의 대부분은 실제 전장에서 사용되지 않는다. 전쟁을 대비하여 보관하다 시간이

착취 경제

지나면 폐기된다. 위험한 무기의 특성상 안전하게 보관하고 언제
든 사용할 수 있도록 관리하는 비용이 국방비의 많은 부분을 차
지한다. 국가는 강력한 국방력이 평화의 수단이라며 국민을 현혹
하고, 세금 지출 거부감을 없앤다. 주변국에서 총부리를 겨누고
있으니 서로 방어할 힘을 기르지 않을 수도 없다. 미국의 경우는
국방비 지출을 자국 방위산업 유지와 기술 발전 수단으로 여기고
있다. 세계적 패권을 유지하기 위해 일정 수준의 국지전을 방임하
거나 자극한다. 세계가 하나의 통치 체제 아래에 있다면 모든 국
방 자본과 노력이 인류 번영에 투자될 수 있다.

상대 국가를 서로 신뢰하지 못하기 때문에 발생하는 비용도 막
대하게 허비된다. 관세를 부과하여 자국의 인플레이션을 감수하
고라도 상대의 경쟁력을 약화하는 정책은 중요한 무역 보호 수단
이다. 자국 산업을 흔들고 사회에 혼란을 주는 제품들의 수출입
을 막기 위해 엄청난 공권력을 유지한다. 외국인들의 입출국을 관
리하고 국경을 지키기 위해 인력과 비용을 소비한다. 지역적으로
생산이 집중된 자원을 전 지구적 효율을 고려하여 사용할 수 없
다. 세계적 감염병은 주기적으로 발생하지만 해당 국가를 통제하
거나 지원하는 것은 주권 침해로 여겨진다. 자원을 소비하며 환경
파괴 물질을 배출하는 국가와 지구를 자정하는 열대 우림을 보유
한 국가의 이해관계가 서로 상충하여 갈등을 겪는다.

지구 환경 파괴를 막기 위해 최우선으로 해야 할 일은 에너지 생산 원료를 바꾸는 것이다. 사람이 살지 않고 환경 파괴 우려가 적은 사하라 사막에 대규모로 태양광 패널을 설치하면 전 지구에 전력을 저렴하게 공급할 수 있다. 각국의 송전망은 기존에 모두 작동 중이기 때문에 서로 이해관계만 일치한다면 전력 수요가 많은 유럽뿐만 아니라 전 세계로 송전할 수 있다. 아프리카와 유럽은 사하라 사막, 북미는 텍사스, 남미는 안데스 기슭의 사막, 동북아시아는 고비 사막의 넓은 불모지에 태양광 발전소를 대규모로 건설하면 전 지구에 무한한 전력을 공급하는 일이 불가능하지 않다. 밤낮에 따라 간헐적인 태양광의 문제를 해결하는 방안으로 우주 궤도에 태양광 발전 시설을 설치하고 지구로 전송하는 기술도 이미 완성 단계에 있다. 우주 발사체 비용도 과거에 비해 매우 저렴해졌다. 전력이 충분하다면 물 부족 문제도 쉽게 해결할 수 있다. 해수 담수화는 오래전에 상용화된 기술이다. 다만 전력이 많이 소요되어 비용이 높을 뿐이다. 전력이 저렴하다면 화석연료 에너지로 가동되는 모든 시설을 대체할 수 있다. 잠재적 재앙의 위험을 감수하고 가동하는 원자력 발전소와 가장 많은 환경 오염 물질을 내뿜는 화력 발전소는 더 이상 필요하지 않다. 육지와 해상과 공중의 모든 이동 수단의 동력을 경제적인 전기로 바꾸게 될 것이다. 비효율적인 화석연료 자동차는 굳이 법률로 제한하지 않아도 사라질 것이다. 전력 생산 수단이 무한대라면 아마존의 밀림을 파괴하여 바이오연료를 생산하는 바보 같은 짓도 필요 없다.

착취 경제

저렴한 에너지로 이산화탄소 포집 시설을 가동하여 이미 배출한 온난화 물질도 제거할 수 있다. 현대의 과학자들은 우주에서 날아오는 소행성이 지구를 파괴하는 희귀한 위험을 막는 방법까지 연구하고 있다. 우리가 가진 기술과 자본을 전쟁이 아니라 에너지 기술에 투자하면 인류의 삶을 더욱 풍요롭게 만들고, 우리와 우리의 자손들이 살아갈 지구를 오랫동안 보존할 수 있다.

인류의 삶은 평균적으로 분명히 개선되었다. 하지만 여전히 굶어 죽거나 전쟁이나 테러로 무고하게 죽는 사람이 있다. 호모사피엔스의 독보적 풍요의 시대가 지속된 200년 만에 지구의 기후 환경은 돌이킬 수 없는 특이점을 향해 가고 있다. 기후가 변하고 자연재해가 반복되며 농사짓기 좋은 땅은 줄어들고 있다. 식량 문제는 점점 심각해진다. 전쟁은 지금도 지구 어느 곳에서 처참한 모습으로 인류 이성을 파괴하고 있다. 자멸의 순간이 가까이 와 있다. 지구인의 깨달음이 더 늦춰진다면 기술 문명이 누린 기간보다 더 짧은 시간 안에 인류의 멸종은 분명해 보인다.

우리가 직면한 문제 대부분은 각국의 권력자와 소수의 기업 책임이다. 기회주의적 정치인들은 단순한 해결책으로 현재를 현혹하고 과거에 호소하며 공포, 불안, 의심을 조장한다. 정치인들이 자신의 권력을 유지하고 특정 인종과 국가만의 이익을 대변하도록 내버려 두면 안 된다. 전 지구적 이익과 인류의 생존에 무엇이 최선인지가 정치적 판단의 기준이 되어야 한다. 세계에서 가장 거대한 로비 집단은 기술기업들이다. 그들이 이익을 위해 독점, 데이터 접근권, 극단주의, 혐오, 가짜뉴스 등을 이용하지 못하도록 막아야 한다. 수단과 방법을 가리지 않고 부와 권력의 획득에 성공한 사람들이 그들만의 번영을 위한 인류의 생존시스템을 설계하고 실행하는 일을 중단시켜야 한다. 저들은 사악한 목적을 가지고 있다. 그렇게 해 왔고, 계속 그렇게 하고 싶어 한다. 그들은 대중을 현혹하는 방법을 잘 알고 있다. 미디어를 장악하고 법률과 관습을 조정해 그들의 목적에 맞는 사회시스템을 만들 힘을 가지고 있다. 저항하는 대중들을 심판할 수 있는 사법제도까지 그들과 함께 거대한 카르텔을 형성하고 있다.

기하급수적인 기술의 성장이 잘 통제된다면 낙관적 해결이 가능하다. 전문화와 교환의 지혜가 우리가 누리는 집단 지능을 창조했다. 기술의 발달은 교환과 전문화를 섬세하고 다양하게 만들어 간다. 진보의 속도는 빨라졌다. 이제 야만의 속도를 늦추어 번영을 지속할 방법을 찾아야 한다. 지구의 자원이 한계를 드러내고 있는 상황에도 인류의 개체 수는 점점 늘어나고, 모두 더 편하고 잘 살기를 원한다. 지구 전체적으로 자원을 가장 효율적으로 사용하는 방법이 있어야 한다. 재앙의 원인이 되는 갈등을 해결할 이성이 발휘되는 제도와 규범을 새롭게 정립해야 한다. 지구의 미래를 결정하는 데 지구인 각자에게 같은 효력의 결정권이 있으면 된다. 전 지구적 통합 정치체제를 구성해야 한다. 잘사는 사람, 잘

사는 국가가 더 영향력 있는 결정을 하지 않도록 해야 한다. 서로의 이익을 빼앗아 나와 내 나라의 이익을 취하는 것이 아니라 인류와 지구를 지키는 가장 합리적인 선택이 무엇인지 결정할 수 있는 전 지구적 정치 제도와 이성을 유지하는 시스템이 있어야 한다. 환경 변화가 인류의 생존을 위협하고, 선택된 인간들만의 위선적 정치 제도가 인류 사회를 지배하면 안 된다. 기술 발전이 소수 인간만의 권력과 풍요를 위한 착취 도구가 되지 않아야 한다.

군대는 없고 경찰만 있는 인류 공동체를 꿈꾸고, 악마적 지도자의 출현을 막도록 선거 제도를 수정해야 한다. 지구인 전체의 불평등이 최소가 되도록 자본주의를 개편해야 한다. 화석연료에서 신재생에너지로 전환하고 환경을 파괴하지 않는 도구를 사용하는 결정은 지구인 전체가 감당할 비용 관점에서 훨씬 경제적이다.

인류가 공존하거나 공멸하는 선택은 선출된 정치인들이 결정한다. 한 국가의 지도자는 자국의 이익을 위해 지구 환경을 고려하지 않거나 다른 나라 다른 민족을 착취하는 정책을 펼친다. 세계의 지도자는 인류 전체의 번영을 위해 최선의 정책을 펼칠 것이다. 한 국가의 지도자는 그 민족과 국가에서 우수한 사람이 선출되거나 무자비한 이기심의 소유자가 정권을 폭력적 혹은 합법적 캠페인으로 쟁취할 것이다. 세계의 지도자는 지구인 중에서 가장 현명한 인간이 선출될 가능성이 크다.

로마는 제국을 형성하여 천 년 동안 평화를 유지했고, 중국은 대륙이 통일을 유지한 기간에는 살육전을 중단하였다. 천 년 동안 이어지던 유럽 국가 사이 군사적 충돌은 유럽연합의 동맹 이후 중단되었다. 반면, 현재의 세계는 미국만의 이익을 위한 미국 중심의 패권주의가 만연하고 있다. 세계 곳곳에서 현재 진행 중인 국지전과 정치적 갈등은 상당 부분 미국의 의도와 영향력 속에서 발생한다. 어느 순간 의도와 다르게 통제를 벗어나면 세계적 위기를 맞을 것이다. 과거와 달리 패권이 무너지는 정도가 아니라 인류 전체의 공멸을 가져올 위험이 있다.

인류는 우주의 돌연변이다. 자신을 스스로 자각하고 지구에 살면서 지구를 초월하였으며, 우주를 탐구하는 존재가 되었다. 자신의 과거를 되돌아보고 자신의 미래를 설계한다. 동물처럼 본능으로 사는 인간은 사회시스템의 제재를 받는다. 태어나는 순간부터 삶이 던지는 질문을 고민하고 대답하기 위해 고뇌하다 답을 찾지 못하고 죽는다. 왜 세상에 존재하게 되었는가? 어떻게 살 것인가? 어디로 가야 할까? 내 삶에 어떤 의미를 부여할까?

모든 생명체는 멸종한다. 우리 인류도 멸종을 막을 방법은 없다. 다만 멸종의 시기를 되도록 늦추고 멸종의 모습이 조금은 찬란해야 한다. 그래야 지구에 살았던 인류의 문명이 우주적 우연과 무의미한 찰나의 해프닝이 아니었음을 증명하고 진정으로 우리 존재에 의미를 부여할 것이다.

지금까지 과학으로 밝혀진 사실로는 인류가 지구 밖 외계인의 침략을 받을 가능성은 없다. 그렇다면 우리끼리 국가와 민족으로 나뉘어 서로를 파멸시킬 목적의 군대는 필요 없다. 스티븐 호킹 박사는 100년 이내에 닥칠 인류의 멸망을 막기 위해 세계 정부 수립을 주창했다. 몇몇 국가나 조직의 이기적 이익이 아닌 인류 공동의 이익, 공동의 선, 최대 공리가 무엇인지 합리적 이성으로 토론하고 인류 전체를 통합하여 지휘할 힘을 가진 지구 연합을 조직하지 않으면 인류가 당면한 멸종과 멸망을 막지 못한다. 현실의 자국 이익을 위해서라면 세계의 끔찍한 미래 모습에 눈을 감는다. 얼마나 어리석은 인간들인가! 세계의 미래에 자국은 예외라고 간주한다. 인간 개인의 이성은 역사 속에서 현명했다. 일부 오염된 필터들을 제외하면 철학과 종교는 이성적 삶을 계몽하였다. 여전히 불평등하지만, 인권과 풍요는 대체로 확대되었다. 그러나 인류 집단을 통제하는 권력을 가진 인간의 탐욕은 통제되지 못했다. 권력자는 자신의 탐욕을 만족시키기 위한 수단으로 민족주의와 애국주의를 선택했다. 권력자가 내리는 탐욕의 결심은 힘없는 대중들의 희생으로 그 부조리를 감당한다. 파멸의 애국주의에서 벗어나 공존의 인류주의 정치체제로 혁명하는 누군가 나타나지 않으면 지구의 멸망과 인류의 멸종을 막을 수 없다. 국익으로 위장된 정치인의 사익에 우리 운명이 끌려가면 안 된다. 정치인의 욕망을 통제하지 못하면 우리가 상상조차 못했던 끔찍한 사태가 어떻게 일어나는지를 최근 대한민국의 정치적 격변에서 목격했다. 동시에, 폭력과 독재의 트라우마를 극복하고 민주의식이 뿌리내린 민중이 얼마나 현명하게 행동하는지도 보았다. 비이성적 인류 역사의 트라우마를 기억하는 이성적 인류주의는 인류와 지구의 운명을 과거의 참혹한 상태로 되돌리지 않겠다는 공동의 목표 아래 운영될 수 있다.

개개인의 혈통과 사회적 기능이 인간 가치의 본질을 규정한다는 인식에서 존재 자체의 실존만으로 인간은 천부적 고귀함을 가진다는 가치관의 변화가 인간다움을 발전시켜 왔다. 인류 개개인의 고귀함을 부정하고 권력과 이익을 독차지하려는 착취자의 부조리에 맞서 저항하지 않으면, 우리는 통제를 벗어난 공멸의 순간을 맞이할 것이다.

자본주의와 공산주의로 분리된 체재 경쟁과 종교와 결부된 민족적 적대감 그리고 인종과 빈부의 차이 때문에 발생하는 갈등이 인류의 운명을 좌지우지하지 않아야 한다. 호모사피엔스라는 하나의 종족이 지구라는 유일한 터전에서 살고 있음을 자각하고 인류 사회가 운영되어야 한다.

인간의 단점을 억제하고, 이타적 이성으로 작동하는 정치 경제 사회 체계를 갖추고, 지구 전체를 융합하는 문명이 나타나야 한다.